血膽將軍

巴頓

George S. Patton

番于眞，劉幹才 編著

橫掃歐陸的狂風，解放西西里、諾曼第登陸，二戰勝利的號角手

世界大戰猛將×美國最強王牌

他將戰場視爲歸宿，死生置之度外；
他將榮譽視爲第一，行軍一絲不苟；
他將勝利視爲信條，進攻卽是防守。

他是最鋒利的劍，最堅固的坦克──巴頓！

「我應在最後一次戰役裡，被最後一顆子彈打中死去。」

崧燁文化

目錄

目錄

目錄

序

巴頓（George Smith Patton Jr.）（1885 —— 1945），全名小喬治・史密斯・巴頓，是一位美國陸軍四星上將，第二次世界大戰中著名的美國軍事統帥。號稱「鐵膽將軍」。

巴頓生於美國加州州的一個有軍事傳統的豪門家庭，畢業於西點軍校。1911 年 12 月進入陸軍參謀部任職。1916 年任潘興將軍的中尉副官，兩年後升任上尉。1917 年隨潘興將軍赴法參加第一次世界大戰的作戰行動。在第二次世界大戰中美國參戰之後，巴頓英勇善戰，取得了重大戰績。第二次世界大戰後擢升四星上將，德國投降後任巴伐利亞軍事長官。巴頓經歷戰爭無數，特別是在第二次世界大戰中，表現卓著。美國參戰之後，巴頓率部渡大西洋登陸北非。1943 年率領美軍與英國將軍蒙哥馬利率領的英國軍隊肅清了北非德軍，並指揮美軍第七集團軍參加西西里島登陸戰役。

1944 年作為第二梯隊參加諾曼第登陸戰役，突入直布羅陀半島和法國中部。爾後，協同盟軍其他部隊在法萊斯包圍戰中重創德軍，並向洛林方向追擊逃敵。突出部之役中，奉命率部馳援被圍困在巴斯托涅的美軍，擊退德軍進攻。

1945 年率軍突破齊格菲防線，強渡萊茵河，突入德國腹地，占領捷克斯洛伐克西部，進抵捷奧邊境。9 個月的時間，殲敵 140 萬，解放大小城鎮 1.3 萬座，且相對傷亡最小。

在巴頓幾十年的戎馬生涯中，創造了美國歷史上不少的第一，他有「美國陸軍第一劍客」的聲譽，還被譽為「美國第一勇士」，他指揮金戈鐵馬馳騁於北非大漠，戰功顯赫、攻無不克。

　　巴頓還有一個第一，卻是美國軍事史上的大事，巴頓創立了美國第一支坦克部隊。由此掀開了他軍事生涯新的一頁。

　　巴頓一生獲得無數獎項、勛章，僅所獲准佩戴的軍功勛章，就不下幾十種，如美國陸軍勛章、紫心勛章、第二次世界大戰勝利勛章、大不列顛帝國勛章、法國十字勛章等。巴頓將軍尚有多項獎章，由於不符合軍服規章或非軍事勛章，所以沒有佩戴於戎裝上。

　　在美國的軍事歷史上，沒有哪一個軍事人物像巴頓那樣更能征服人們的想像力。他在一戰中創造了美軍的裝甲作戰，並被公認為第二次世界大戰中美軍最為傑出的作戰指揮家。

　　作為一個被羅斯福稱為「我們最偉大的戰將」的傑出將領，似乎沒有人能夠超越他。

　　巴頓擅長於進攻、追擊和裝甲作戰，是一位敢打敢拚、英勇善戰的驍將。在遠征北非、蕩平西西里、橫掃歐洲半個世紀之後，小喬治‧史密斯‧巴頓的名字依然令人震撼不已。

　　人們對巴頓近乎偶像式的崇拜，不僅是因為他傑出的指揮才能和頑強的軍人作風，同時還源於巴頓那神祕複雜、難於捉摸的天性。

　　在巴頓過世之後，那些曾經「仇恨」過他的人也無不為他偉大的人格魅力所折服，甚至包括他的敵人在內，都把巴頓讚嘆為最傑出的將軍和對手。

出身上流家庭

1885 年 11 月 11 日，在美國西海岸加州聖加布里埃爾的家中，巴頓出生在自己媽媽出生的那個屋子。小巴頓的母親是加州人，她從小就生活在優渥的環境中，受過良好的教育。當時，她年僅 24 歲，年輕漂亮，舉止端莊，談吐不凡，一派貴夫人的風度。

小巴頓的姨母叫安妮・威爾遜，對巴頓疼愛有加，曾在他就讀西點軍校期間與他作伴陪讀。小巴頓的外公班傑明・戴維斯・威爾遜是帕莎蒂娜市的大地主、洛杉磯首任市長，也是加州州最大的葡萄酒和白蘭地酒製造商。

小巴頓出生的房子是巴頓的外祖父班傑明・戴維斯・威爾遜在大約 1830 年建的，這裡曾經有他的牧場。

當巴頓外祖父的牧群沿著河谷順著高山來到丘陵從雷德蘭茲、洛杉磯向下延伸時，他就住在這裡，不像後來的許多人透過政府授予的形式得到牧場那樣，巴頓的外祖父買下了這片牧場。

小巴頓的父親喬治・史密斯・巴頓是一名地方檢察官，身材高大，英俊瀟灑。1877 年畢業於維吉尼亞軍校，曾擔任加州聖馬利諾首任市長，之後繼承了威爾遜事業，生活富裕。

巴頓的祖先原為蘇格蘭人，是蘇格蘭東部亞巴登的地主。巴頓家族第一個從蘇格蘭移民到美國維吉尼亞州的祖先是羅伯特・巴頓，是一名契約工，後來迎娶安妮・戈登・摩塞為妻，從而晉身到上流社會。

出身上流家庭

　　巴頓家族中有多人參與過美國重要戰事並殉職，其中包括羅伯特‧巴頓的岳父，獨立戰爭中的大陸軍將領休爾‧摩塞。摩塞將軍在特倫頓襲擊戰中表現突出，之後在普林斯頓之戰中負傷而死亡。

　　和許多擁有高貴血統的家族一樣，父親喬治和母親露茜，用小嬰兒祖父和父親的名字，給他取名為喬治‧史密斯‧巴頓。由於和他的爸爸的名字一樣，習慣上，人們稱呼他小喬治或小巴頓。巴頓的祖父是家族第一個叫喬治‧史密斯‧巴頓的人，出生於維吉尼亞州的菲德堡。

　　1852 年，巴頓的祖父以全班 24 人中的第二名畢業於維吉尼亞軍校，同時也是卡巴奧發兄弟會的成員。畢業後繼續修讀法律，並在查爾斯頓執業。南北戰爭期間，巴頓的祖父擔任聯盟國軍維吉尼亞第二步兵團連長，後晉升為第二騎兵團團長、上校，參加厄爾利將軍對聯邦首府華盛頓進行的偷襲戰。

　　美國內戰期間，巴頓的祖母蘇珊‧鐸登‧格蕾瑟和 4 個孩子還有祖母的一個兄弟一起生活，這個兄弟叫威廉‧格拉西爾，曾是聯盟海軍的一位上尉。內戰結束一年之後，巴頓祖母的另一位居住在加州叫做安德魯‧格拉西爾的哥哥給了祖母 600 美元的路費，讓她陪著她瞎了眼的老父親和 4 個孩子取道巴拿馬去加州。

　　他們在舊金山登陸後又換乘另一艘船到聖保羅，到洛杉磯後父親一家人和巴頓的安德魯舅舅住了一段時間。

　　後來，巴頓的祖母找到了一所土坯房子並在一家女校教書以謀生。巴頓的父親那時只有 10 歲，也幫著支撐家庭。

透過巴頓的祖母，巴頓家族和威廉·鐸登家族拉上了親戚關係，而後者又是喬治·華盛頓的直系親屬。此外，還有一些家系和英格蘭國王愛德華一世及他的妻子法王菲利普二世的女兒瑪格麗特有關係。

巴頓家族的後人們都以這些尊貴的祖先為榮，他們有著先天的勇氣和騎士風度，自然也高人一等。

巴頓家族的後代們認為，他們的血液中有著天生領導權和一種與生俱來的榮譽感和責任感，他們有意識地按照自己的偶像的形象來塑造自己，不僅在舉止風度上效仿，在事業上也以他們為榜樣。

喬治·休爾·史密斯對 4 個繼子視如己出，最大的孩子喬治·威廉·巴頓，也就是小巴頓的父親，為了紀念生父和繼父，按照合法的程式，在 1868 年把自己的名字改為喬治·史密斯·大巴頓。

到了小巴頓的時候，再次從父親和爺爺那裡繼承了名字，成為第三代喬治·史密斯·巴頓，天生的貴族血統，帶給小巴頓的不僅是貴族的出身，更主要的是一種高貴的精神力量，讓小巴頓終生為了自己家族的榮譽而奮鬥。

快樂幸福的童年

　　小巴頓出世不久就患了一場大病，險些夭折，並且在相當長一段時間裡身體非常孱弱。

　　當時小巴頓他們家的保姆瑪莉・絲卡莉一直擔心這個小傢伙可能活不長，好在家人對這個小生命給予了無微不至的關愛，使他不僅活了下來，而且還逐漸長成一個健康強壯、充滿活力的孩子。

　　不久，為了父親工作的方便，他們舉家遷入洛杉磯市。記事的時候，巴頓就看到衛兵在法院下邊那座監獄的牆外走來走去地巡邏。

　　雖然家在市區，但為了能夠讓小巴頓有更充裕的活動空間，巴頓的大部分時光卻是在雷克維尼亞德外公的牧場中度過的。

　　特別是後來，由於巴頓的父親身體不好，他不得不離開律師事務所，永遠地回到了牧場。

　　巴頓一直非常崇拜他的父親和他的祖先，但可能他自己一直都不清楚自己像母親家裡的人像到了什麼程度，尤其是牧場的主人，他的外祖父班傑明・威爾遜，巴頓在相貌和個性上都與他非常相像。

　　兩年後，巴頓家又添了一個女孩，取名安妮，與她姨母名字相同。小安妮金髮碧眼、十分可愛，家人都親暱地叫她妮塔或安妮塔。

　　相對於枯燥無味的城市生活，小巴頓對於淳樸自由的鄉村生

活更為熱衷，這個鄉村牧場曾給童年的巴頓留下深刻的印象。

深受父母雙親和姨母寵愛的巴頓，在外祖父的牧場度過了他歡樂的童年。他很小的時候就與其他男孩一樣，喜歡拿著玩具武器衝殺，爬上樹去「偵察敵情」。

小巴頓在牧場裡練就了精湛的騎術，培養出了粗魯、豪放的性格。姨母安妮常給小巴頓閱讀一些描寫驚險軍事戰鬥故事的作品，如《十字軍故事》、《三個火槍手》等。

故事書中的英雄人物們不僅拓展了巴頓豐富的想像力，而且使巴頓養成了騎士氣概和喜歡冒險的精神。他從小就渴望以後能成為一名衝鋒陷陣的軍人。

巴頓最開心的時刻，便是一家人在牧場休假。因為在那個時候，爸爸會不去理會那些令人煩惱的法律事務，像個大孩子一樣帶著小巴頓和妹妹妮塔玩耍。

小巴頓和妮塔都很喜歡父親，因為父親是他們的大朋友。儘管公務繁忙，他總是設法抽空陪孩子們玩，帶他們釣魚、划船，教他們騎馬、射擊。

在巴頓眼中，爸爸簡直是個天才，騎馬、划船、潛水、釣魚甚至射擊，幾乎沒有可以難住爸爸的，那個年代上流社會的所有的休閒項目，他幾乎無不精通。

小巴頓對爸爸崇拜極了，他幾乎想整天和爸爸待在一起，央求著他教自己學騎馬，玩打仗。

爸爸曾經是維吉尼亞軍事學院的高才生，受爸爸的影響，或者更多地源於男孩子的天性，巴頓小時候最愛玩的遊戲就是打仗。

快樂幸福的童年

　　巴頓和妮塔一人有一件釘有銅扣子的藍色水手服，妮塔常說自己是上校，而巴頓卻自稱大兵，因為那時巴頓覺得大兵很厲害，級別超高。

　　所以，每天早上一起床，巴頓兄妹倆就會為誰指揮誰打仗而爭論不休。最好的解決辦法便是爸爸標準的口令聲：「立正！保持肅靜！」巴頓和妹妹倆果然一聲不響了。「敬禮！」兩個人於是筆挺地向爸爸敬禮。「大兵喬治與少校妮塔早上好！」

　　「爸爸將軍早上好！」

　　「軍事課目第一項，早餐！」

　　「是，長官！」於是，兩個小不點便乖乖地找瑪麗吃早飯去了。直到有一天，爸爸笑著問他為什麼當了幾年兵還沒升官，小巴頓這才恍然大悟。為了這件事，巴頓第一次大發脾氣，並且鄭重宣布自己是喬治·史密斯·巴頓中將。爸爸為了安撫他，親自給他做了一把木製佩劍，這幾乎成為巴頓童年時代最珍貴的禮物。除了玩遊戲，喬治·小巴頓最喜歡做的事情，無疑是騎馬了。巴頓記得最清楚的一件事，就是一次爸爸騎馬出門，當時巴頓和妮塔正在牧場玩，看到爸爸騎著安妮姨媽的那匹叫做貝塔的栗色馬駒出門。巴頓想和爸爸一塊騎馬，但他讓巴頓玩修建城堡的遊戲，還下馬來手把手地教巴頓。

　　後來，爸爸趁他玩得開心，就偷偷騎馬走了，小巴頓還在後面追了很長時間，當然沒有追上。

　　當小巴頓最後生氣地轉回來的時候，他們家的保姆瑪麗說，你該為是這樣英俊瀟灑的西部百萬富翁的兒子而驕傲。當巴頓問

她什麼是百萬富翁時，她說就是農場主。

在巴頓小的時候，每次跟爸爸媽媽說晚安的時候，通常會親爸爸許多次，卻只吻他的媽媽一次。

當爸爸問巴頓為什麼要親自己的多，而親媽媽的少，巴頓說出了自己的心事，原來他是害怕爸爸會賣掉布魯克，也就是自己的一匹純種馬。

巴頓的父親對於自己的孩子非常喜愛，不僅陪巴頓玩，給他買好多小玩具和槍，還非常注意在遊戲中教育他們。

巴頓還很小的時候，爸爸就為他買了一支 .22 步槍，一次爸爸、媽媽和巴頓在外面散步，爸爸在籬笆上放了一個橘子，巴頓開槍射中了它，當時爸爸媽媽都非常高興，也很自豪。

還有一次過聖誕節，爸爸送給巴頓一輛玩具的蒸汽火車，還有一次送給巴頓一部靜止引擎。

這兩樣東西開始是爸爸替巴頓操作，後來巴頓長大了能自己操作了，爸爸才不再幫巴頓。

巴頓還有一把帶有皮帶的軍刀和一支帶有槍機的步槍，巴頓和爸爸出去散步時總會背著這桿槍，還帶兩發空的 .22 子彈。

每次巴頓都鄭重其事地把子彈殼上膛，假裝向獅子或是強盜開火，感覺自己真的像英雄一樣。

有時爸爸拿著爺爺的軍刀，巴頓拿玩具軍刀，他半跪下來和巴頓拼刀，每到那時巴頓都戴著他給巴頓的那副拳擊手套。

巴頓家有一個專門做木工的小屋，裡面有一個小木凳和一套漂亮的玩具，這套玩具是威廉‧本寧上尉送給巴頓的。

快樂幸福的童年

　　爸爸和巴頓又做了一艘玩具船。一天他說要給巴頓做一把刀，巴頓從雞圈的柵欄上抽了一根板條，爸爸用它給巴頓做了一把帶十字護手的軍刀。

　　瑪麗又為巴頓做了一個粗厚堅硬的刀鞘，巴頓套在軍刀上，整天背著刀帶著槍，後來巴頓自己又做了許多類似的武器。有一次巴頓和爸爸騎著馬爬上桃花嶺，巴頓在為槍裝子彈的時候，馬鞍翻了，巴頓實實在在地摔了一跤，但沒怎麼受傷。

　　當時巴頓用的馬鞍是他爺爺臨死前還在用的那一個，這個馬鞍的鞍頭上有一小塊暗紅，巴頓想大概是自己的血，爸爸也是用這個馬鞍學會騎馬的，所以巴頓非常喜歡這個馬鞍。

　　巴頓 10 歲的時候，爸爸送給他一副從英國進口的馬鞍和籠頭。爸爸還給巴頓買過一支 .16 蓋奇重型獵槍，12 歲時爸爸又給巴頓買了一支 .12 勒菲弗槍。買槍那天，爸爸從銀行借了錢，巴頓覺得太貴了，爸爸卻說這支槍會伴隨巴頓一生的，所以還是買下來了。當爸爸在槍上刻巴頓名字的縮寫時，巴頓讓爸爸省去了小字，那樣爸爸也可以隨便用這桿槍了。只要家裡人想要什麼，小巴頓的父親從不吝嗇，但他自己什麼也不買。

　　1834 年，巴頓的父親參加國會選舉，但是小巴頓和妹妹都不希望爸爸選上，因為一想到爸爸要離開家，他們就很難受，所以他們就決定，如果爸爸落選，就舉行一次划船比賽慶賀。

　　後來，小巴頓的父親真的落選了，他那天雖然很難過，但他還是帶巴頓他們去水庫划船了。巴頓生平釣的第一條魚也是和爸爸在一起釣的，那是一個星期天，吃完早飯後，巴頓和爸爸還有

表哥一起去池塘釣魚。這可是巴頓第一次釣魚，他釣得特別認真，可是很長時間也沒有釣上來一條，因為他一會便豎起竿來看一下。父親看巴頓很著急，就教導他一定要耐心，才能釣到魚。這次巴頓真的坐在那裡一動也不敢動，最後他真的釣到了一條魚，當時巴頓拿著這條魚，高興得一蹦一跳。第二天早餐就吃的這條魚，從那以後，巴頓再也不喜歡吃魚了。小巴頓的父親每次出遠門前，都一定叮囑巴頓，不能游過碼頭。不過，有一次巴頓潛水潛得太深了，一不小心越過了碼頭，這讓小巴頓一直很不安。後來直到爸爸回來，巴頓向他承認了錯誤，才最終安下心來。當然，父親沒有不高興，相反他對巴頓的游泳技術感到非常自豪。有一次，巴頓的父親和巴頓還有幾個人去打獵，他們到阿瓦隆時，和往常一樣，一群人圍上來問他們打了多少山羊。當時別人都是只捕了一隻，只有巴頓打了好幾隻，所以巴頓揚揚自得地大聲炫耀。這時，巴頓的父親婉轉地對兒子說：「孩子，如果你不表現你比別人打得多，你就更像運動員了。」

其實巴頓的父親既不喜歡釣魚，也不喜歡打獵，但直到巴頓成年以後，還是經常陪巴頓去島上打獵，去河邊釣魚，這都是他喜歡巴頓的表現，他只想陪著自己的孩子玩。

後來巴頓知道了父親不喜歡戶外生活，只是因為兒子的緣故才不厭其煩地陪孩子們玩耍，就更加敬愛父親了。爸爸從加州回來，他給巴頓帶回來了一把軍刀，這是巴頓的第一把軍刀。這把軍刀是 1870 年法式軍刀，當時洛杉磯一個店裡在賣，於是巴頓就請求爸爸給自己買了一把。結果爸爸真的買了回來，巴頓對回

快樂幸福的童年

到家後躺在草地上欣賞軍刀的情景，一直記憶猶新。有一次，當時巴頓還很小，人們要把一棵橘樹連根拔出來，但怎麼也拔不動。這時巴頓出來了，他告訴他們應該把繩子系在樹上，再把繩子系在馬身上，策馬奔馳，這樣就可以拔動了。爸爸在那天晚上吃飯時說了這件事，還誇獎巴頓說：「如果沒有這孩子，可能人們還弄不倒那棵樹呢！」對於童年生活，巴頓後來回憶起來的時候總是說，自己是世界上最快樂的孩子。巴頓能夠有這樣幸福的童年，無疑是與他的父母，尤其是他父親的愛護分不開的。

戰勝閱讀困難症

小時候巴頓的父親經常給巴頓和妮塔朗讀《伊利亞德》和《奧德賽》。當時在客廳靠近壁爐的地方有一把很大的椅子。巴頓和妮塔一個坐在他的腿上，一個就坐在旁邊的椅子上。那時巴頓的父親總是穿著一件棕白色相間的格子便衣。媽媽說爸爸總留著這件衣服是因為上面有巴頓的味道，其實巴頓小的時候常把吃的東西吐在上面。

對於童年的小巴頓來說，坐在爸爸的腿上聽爸爸讀書，是經常的事情。巴頓天生好動，似乎需要不斷地活動，以發洩他那充沛的精力。

一到晚上，小巴頓就和妹妹坐在父親的身邊，有時乾脆就坐在父親的大腿上，一邊一個，傾聽父親語調優美、抑揚頓挫的朗讀。其實，小巴頓的父親這樣做主要是心疼兒子，巴頓雖聰明伶俐，但在閱讀方面卻天生有缺陷。

對於閱讀中的讀音和拼寫障礙，醫生稱為閱讀困難症，閱讀困難症是一種很常見的學習困難，那些被稱為有學習障礙的人群很大一部分都受到這一問題的困擾，這可能包括了大部分成績不好的孩子。

不過，在父母的呵護下，小巴頓自己卻從來沒有感覺到自己有什麼問題。

戰勝閱讀困難症

巴頓 7 歲生日那天，爸爸媽媽為他在葡萄園開了一個規模不大的但十分熱鬧的慶祝會，還請來了當地有名的雜耍藝人表演。

晚上，大家在葡萄園的空場上放起美麗的煙火，一直到深夜，客人們都告辭後，直到他該睡覺的時候，才想起來還沒有向爸爸媽媽說晚安。

小巴頓蹦蹦跳跳來到父親的書房，正要進去，聽見爸爸和媽媽正在談論著什麼，而且間或還叫到他的名字。巴頓好奇地站在門外聽了起來。

「我真的很擔心，他已經滿 7 歲了。」媽媽憂慮地說。

「我知道你的想法，我也很想能讓他接受正規的教育，但我們的小喬治不同於一般的孩子，我們不能讓他在人們習以為常的觀念中感到自卑，你知道嗎？」父親說。

「我知道你的用心所在，你那樣忙碌，而且你安靜的性格是不喜愛整天進行這些戶外活動的，但為了小喬治，你真的作出了很大的犧牲。」

「親愛的，我擔心的也就在這裡，公務越來越繁忙，我已經不得不盡量提高工作的效率，但陪伴他們的時間一點也不能少，要知道，為了我們的兒子能夠早一天和正常孩子一樣，我必須付出更多的努力，讓他早一天擺脫一切障礙。」

門外，小巴頓似懂非懂地聽著，他並不能完全理解父母所說的他和普通孩子之間的不同究竟是什麼。

但是，小巴頓至少明白了，爸爸原來並不熱衷戶外生活，完全是為愛他，遷就他而這樣做的。

7 歲的小巴頓好像一下子成了一個能夠深深體會父母之愛的大人了。

　　當時不要說小巴頓不知道自己有什麼問題，其實他的父母對此也不十分清楚，他們只知道小巴頓不能控制自己的閱讀和書寫，在學習的過程中相當吃力，而當時醫學界對這種情況還沒有過多研究。

　　而且大多數人並不了解病人的痛苦，得了這種怪病的人，從懂事開始，將十之八九與笨蛋、白痴的嘲諷相伴終生。

　　在當時的條件下，巴頓的父母無法完全理解折磨小巴頓的究竟是什麼，但他們相信自己的兒子絕對不是低能兒，更不是不求上進。

　　小巴頓的父母更能體會巴頓在學習中所遇到的種種不幸遭遇，沒有讓巴頓按學齡上學，是因為他們擔心一旦入學，巴頓難免會因發音與書法的拙劣，而遭到同學的嘲弄與譏笑，以致喪失自信。

　　巴頓的父親同樣是一個執著而倔強的人，他既相信自己能找到更為合適的方法，讓小巴頓順利完成最初級的學習，又更堅信自己的兒子不會是個怯懦的膽小鬼。

　　為了鍛鍊小巴頓的閱讀能力，父親每天晚上無論多忙，都會抽出一段時間來為孩子們朗讀。

　　父親純正的男低音讀起故事來抑揚頓挫，音調也隨著情節的變化時而低緩，時而高亢。

　　在巴頓年幼的心靈當中，那些歷史故事與文學作品中全副武裝的英雄形象，都是在爸爸的朗讀中變得生動的。

戰勝閱讀困難症

所有用來朗讀的書籍都經過了精心挑選，其中以蘇格蘭詩人瓦爾特·斯柯特勛爵的作品居多，還有著名的荷馬史詩。

在眾多的故事中，巴頓尤其表現出對於戰爭、軍人形象的喜愛，軍事統帥們富有傳奇色彩的戰爭故事使巴頓迷戀不已。

漢尼拔、凱薩大帝、聖女貞德、拿破崙等這些古往今來的英雄故事，讓巴頓達到了近乎痴迷的境地。

爸爸之所以每日為孩子朗讀，主要也是為了巴頓。因為巴頓雖然聰明過人，而且似乎有無窮精力，但戰勝閱讀困難症也並非易事。

除了朗讀之外，爸爸媽媽還專門請來家教和語言教練，定期協助他克服閱讀與發音上的障礙。

在此後的很長一段時間，巴頓接近於完美的童年生活都伴隨著由病症帶來的、揮之不去的危機感。

而爸爸與媽媽無盡的愛卻使他擁有無比的自信，正是靠著這種愛，巴頓才得以在之後漫長的 10 多年中透過艱苦的努力，最終擺脫閱讀困難症的陰影，也正是這個過程，在潛移默化中塑造了巴頓堅毅的性格。

1897 年 9 月，巴頓 12 歲那年，爸爸媽媽決定讓巴頓去男子古典中學去唸書，這個學校是由史蒂芬·卡特·克拉克兄弟主辦的。巴頓報名那天，父母陪伴著他乘著那輛舊四輪馬車去了學校。

路上，一家人坐著馬車，誰也沒有說話。

爸爸媽媽雖然也希望巴頓能早一天和正常孩子一樣，接受正規的學校教育，但是一想到巴頓將第一次離開家人，自己照料自

己的生活，他們真擔心巴頓無法獨立承受種種不可預知的壓力和困難。

小巴頓也感覺到了一種從來不曾有過的離愁，他知道，今後他得一個人對付自己不聽話的舌頭和手指了。

馬車剛剛駛過加州大街，來到萊克大街，爸爸扭過頭悲傷地對巴頓說：「孩子，從今以後巴頓們的路就要分開了。」

巴頓從來沒有忘記過這句話，他直到很久以後還不無懷念地說：「儘管我們後來離得越來越遠了，但我們的心卻從來沒有分開過。」

在克拉克學校學習期間，其他的正常孩子完成學業尚且不輕鬆，何況巴頓還有閱讀困難。

所以，巴頓經常不得不比別的孩子付出更多的辛苦和汗水。更主要的是，巴頓還要忍受同學們的羞辱與嘲笑。

有些同學在課堂上模仿小巴頓發音不準的朗讀，有些同學還在黑板上模仿他部好看的字與時不時錯誤的拼寫。他雖然很憤怒，但並沒有因此而氣餒。

父母及家人的深切愛意和大力支持鼓舞了巴頓，振奮著他的精神，促使他決心取得成功。

巴頓知道，自己的所作所為，不僅僅是為了自己，而更主要的是為了報答父母和效法祖先。

剛開始的半年裡，一到晚上熄燈睡覺，巴頓就偷偷地在被窩裡流淚。一方面可能是想家，另一方面，是他感到了學校生活的壓力。

不過，爸爸經常寫信給他，告訴他：「巴頓家的孩子永遠都不能輸給別人」。

在校六年期間，巴頓的學業一直都在進步之中，尤其令他引為自豪的是他那名列前茅的操行成績。

此外，他最喜愛歷史課，成績也相當不錯。學校的歷史課內容豐富而充實。

上學之前，父親就經常講各種歷史故事、偉人的經歷和軍事家的功業，而在歷史課上，巴頓獲得了更加完整而系統的書本知識。

小巴頓的歷史老師把歷史看作是一幅由領袖人物在不同道義上進行選擇後，而構成的恢宏而鮮明的畫卷，是在那些各懷豪情壯志的人之間產生的一系列衝突。

這些歷史人物的決定有的英明有的愚蠢，他們中一些人推動了文明的進程，有些人則由於出發點的錯誤或是個性的缺陷而阻撓了人類的進步。

老師們在課堂上傳授知識的同時，還反覆強調愛國和獻身是公民應有的品質。

這樣的教育，將小巴頓對於歷史故事的迷戀推上了新的高度。

小巴頓強烈地意識到，歷史就是理解過去、掌握現在與洞悉未來的金鑰匙。

歷史的進步與否，往往是由偉大的人物決定的，而偉大人物都具有愛國主義、自我犧牲精神的優秀品德。

在這所學校裡，巴頓掌握了基礎知識，更為重要的是學習了運用邏輯思維的方法，學會了如何正確地作出科學而合乎道義的選擇。

小巴頓曾經在作文中說：生命中的榮譽只會賜予那些渴望榮譽並竭盡全力去追求的人。

在自己平時的作文中，小巴頓不止一次，表現出對於英雄人物的崇敬和喜愛。

有一次，在提到英雄亞歷山大大帝時，小巴頓說：沒有人像亞歷山大那樣真正地要成為一個偉人，在他早年的時候，他就追求完美，不管是什麼事。

巴頓尤其崇拜因防禦頑強而號稱「石牆」的美國南部同盟軍將領傑克森將軍，因為巴頓家族的幾位成員都曾在傑克森的麾下供職。

這個人作戰勇敢、指揮有方、充滿自信、戰績赫赫，成為巴頓的楷模。

同時，小巴頓還表達了超越前人的渴望，他一次這樣說：對於古人過度的崇拜其實是一種不幸，因為它阻礙了現代人的進步。

從中學時代起，巴頓表現出強烈的上進心，他認為，為了出人頭地，就必須在某些方面具有專長，並得到社會的承認。他認為他本人的專長就是在軍事領域有所作為。

為此，小巴頓非常重視榮譽和聲望勝過生命，認為只有繼承了家族那種偉大、崇高和輝煌的傳統，只有向社會展示出超群的才能並為國家做出卓越的貢獻，才能獲得榮譽和聲望。

戰勝閱讀困難症

儘管巴頓的童年始終在閱讀困難的病痛中度過，但在那個時代，巴頓無疑又是幸運的。

巴頓擁有富裕而甜蜜的家庭，家裡有愛爾蘭與墨西哥傭人，他不曾嘗過真正的貧窮與飢餓，更重要的是，父母和妹妹都十分愛他。

這一切對於小巴頓的成長，都是非常有利的因素。

透過幾年的學習，小巴頓的思維日益變得深刻，他已經可以看出隱藏在事情背後更深的東西。

巴頓說：古代小亞細亞本都國王米特里達梯大王，儘管征服了羅馬卻無法征服東方，因為他缺少一種東西，而這種東西則造成了一名好的將軍和一名偉大的將軍之間的微妙差別。

很快，巴頓自己也要開始努力學習那種造成一名好的將軍和一名偉大的將軍之間細微差別的知識了。

渴望從戎成為軍官

1902 年夏末秋初，小巴頓很快就要 17 歲了。他希望成為一名正規的美國軍官。巴頓先生認為這也能夠發揮小巴頓的潛能，而最好的從戎出路就是在西點軍校學習。西點軍校即美國軍事學院，通常被稱為西點軍校。西點軍校是美國第一所軍事學校，西點軍校的校訓是「責任、榮譽、國家」，該校是美國歷史最悠久的軍事學院之一，它是世界四大軍校之一。

西點軍校號稱「美國將軍的搖籃」，它曾造就了斯科特、格蘭特等一大批傑出將領，是美國許許多多熱血青年嚮往的場所。一心想當軍官的巴頓當然也不例外。

西點軍校的正式名稱為美國陸軍軍官學校，其目標是培養陸軍初級軍官。該校位於紐約市以北約 80 公里處的哈德遜河西岸，屬於紐約州奧蘭治縣。這個地方原為英國軍事哨所，是控制哈德遜河航道的策略要點。1778 年 1 月 20 日的美國獨立戰爭期間，被美軍占領，此後一直是軍事用地。1802 年 7 月 4 日，美國國會透過法案，正式確定在此建立美國陸軍軍官學校。學員從西點軍校畢業後，立刻就能被授予少尉軍銜，但是要取得西點軍校的入學資格很不容易。入學要求是法律明文規定的，20 世紀初的西點軍校有 500 名學員，每年只招收 150 名新學員。按規定，總統有權推薦 30 名，國會參議員、眾議員和特區代表每人有權推薦一名。

渴望從戎成為軍官

申請人可以在任何時候向陸軍部次長遞交申請，被選上的必須參加由軍官委員會組織進行的考試。考試非常嚴格，由體力、智力兩方面組成。

申請人必須在 17 週歲至 22 週歲之間，精通各門功課。如果學員是從公立學校、州屬重點學校畢業或是取得正規大學的入學許可，則是精通各門功課的有力的證明。

為了讓小巴頓取得入學資格，1902 年 9 月 21 日，巴頓先生寫了兩封信，一封是給西點軍校的督導，查詢有關學員資格訊息，另一封是寫給上議員、共和黨人湯瑪斯·巴特先生，希望他能想著小巴頓。

巴特先生回覆說，他會在適當的時候，給小巴頓一個參加考試的機會。為了向巴特先生推薦，小巴頓的父親在徵得朋友前聯軍少校亨利·李法官同意的情況下，以朋友的名義，給巴特先生寫了一封信。小巴頓的父親在信中這樣說：如果家族史有一定的參考價值的話，小巴頓毫無疑問是來自於軍人家庭。小巴頓是維吉尼亞的約翰·華盛頓的後人，他的先輩中有在獨立戰爭時期極負盛名的馬瑟將軍。

小巴頓的祖父就是維吉尼亞的巴頓將軍，在北維吉尼亞的軍隊中因其驍勇善戰而享有盛名。他的母親的家族也極不平常，是尊敬的威爾遜先生的外孫。

12 月 27 日，巴頓先生又給軍校督導寫了一封信，從而得知巴特議員是最有可能的有權推薦小巴頓的人選。

除了西點軍校，巴頓先生當時也考慮送小巴頓去維吉尼亞軍

校、亞利桑那大學、普林斯頓大學等學校學習，並與校方取得了聯繫。

但是，儘管小巴頓獲得這些學校的入學資格的可能性極大，小巴頓還是希望能進入西點軍校。這樣，巴頓先生終於下定決心，一定要想盡辦法把兒子送進西點軍校的大門。接下來，小巴頓的父親做了三件事。第一件事是拍了電報給西點軍校督導，以確認巴特先生將有資格提名一位學員。得到的答覆是肯定的，因為巴特先生一位指定的學員正念三年級，並將在 1904 年畢業。第二件事是讓小巴頓向陸軍部次長遞交申請，從而把他的名字登記下來。陸軍部次長答應在合適的時候，遞交給議員。第三件事是親自給巴特議員寫了一封信，請求他推薦小巴頓去西點軍校學習。

巴頓的父親在信中說：「自己的兒子少年時期就希望參軍，這是由於家族遺傳的因素而產生的一種本能。」然而此時巴特先生僅僅承諾把小巴頓加入推薦參試人員名單中，這既是個好消息，也是個壞消息。如果巴特先生安排的考試完全公允的話，小巴頓極有可能通不過，因為他拼寫極糟，書本知識匱乏，頭腦反應平平。但是，如果提名能夠考慮到考生的綜合素養，不完全依賴於考試成績，倒還有些可能。不管怎樣，巴頓先生都要努力一搏。小巴頓的父親請他的許多具有影響力的朋友給巴特議員寫信，請他們推薦小巴頓。

這些人包括洛杉磯第一國家銀行總裁艾略特、洛杉磯郵政署長格雷夫，另外還有他自己的繼父、加州最高法院 5 位專員之一的喬治·史密斯。

渴望從戎成為軍官

亨利‧李也多次給巴特先生寫信，幫小巴頓說好話。巴特表示，小巴頓會有機會和其他候選人平等競爭，並申明會考慮家族史。由於小巴頓只是在一所私立中學學了 6 年，入學考試對於他是個問題。

但是還有一條出路，如果候選人是聯辦正規學校的學生，那麼就可以在持有教務處證明的情況下，不經考試而直接進入西點軍校學習，巧的是，維吉尼亞學校正是這樣一所學校。

那時，巴頓先生先後收到了莫里斯頓大學、普林斯頓大學的入學通知書。事情已成定局，巴頓先生最後將兒子送進維吉尼亞軍校學習，巴頓家族已有兩代人就讀於此，現在學校的負責人不是朋友就是親戚。這一決定意義重大。如果小巴頓能獲得提名進入西點軍校的話，在維吉尼亞學校一年的學習可以幫他適應離家生活，並能保證他在進入西點軍校時不需經過入學考試。即使做最壞的打算，小巴頓不能獲得提名，那麼他也可以在維吉尼亞軍校完成學業。幸運的話，小巴頓也可能由此進入正規軍隊，因而1903 年的大部分時間，小巴頓一直在維吉尼亞軍校刻苦地學習。

西點夢變成現實

1903 年 9 月，巴頓在父母、姨媽和妹妹的陪同下第一次離開了家鄉，踏上了東去的列車。

此時巴頓已經年滿 17 歲了，身高 180 公分，身材修長，表情嚴肅，儼然一副成年人的樣子。

小巴頓現在有點緊張，但是他一直在想著爸爸臨行時的話，巴頓家族沒有膽小鬼。

同時，小巴頓也從父親的教導中得到了力量，他深知，無論如何，絕不能辱沒自己的血統。

有趣的是，臨行前巴頓在到裁縫店做制服時意外地發現：他的制服尺寸無論在高度、肩寬，還是在腰圍、胸圍上跟祖父、父親從前的軍校制服都驚人的一致。巴頓認為這是一個好兆頭，有祖輩們保佑，自己必將吉星高照。

幾天以後，巴頓來到學校報到。剛下馬車他就發現，門廊裡幾個女孩不屑一顧地看著他，其中一個還尖叫道：「瞧！來了一個小老鼠。」

老鼠是當時對一年級新生的蔑稱，因為他們初來乍到，對一切都感到陌生，可以說充滿畏懼，所以被非常形象地稱為老鼠。在軍校裡，各年級學員之間頗有「等級森嚴」的味道。在平常的訓練中，一般是高年級學員指揮低年級學員。高年級學員常以老資格自居，毆打、辱罵等欺負低年級學員的事情時有發生。

西點夢變成現實

不久，父母和妹妹離校返家了，但疼愛他的姨媽安妮卻繼續留在萊辛頓，幫助他克服思鄉病。實際上，安妮一年的大部分時間都住在這裡，想方設法給巴頓家庭溫暖，使他不致感到孤獨，並激發他的進取心。入校初期，巴頓的老毛病仍時常作怪。由於經常誤解校方通報上的字意，他不斷出錯，甚至鬧出了笑話。他只好把滿腔的煩惱都傾訴在給爸爸的信中。父親在回信中告誡他要嘗試閱讀各種字跡的文稿，要搞懂單詞的每個字母直至理解整段文字。

父親還重提以前對兒子的忠告：「對高年級學員要有禮貌，但只在同年級學員中交朋友，首先要成為一名優秀的軍人，其次才是學好文化課。」

巴頓嚴格按照父親的教誨進行學習生活，果然大有起色，到聖誕節前夕，他的成績和表現就都非常良好了，還贏得了許多朋友。

巴頓如飢似渴地學習軍事知識，嚴格遵守軍容風紀和日常生活制度，不折不扣地執行一切規章制度，不久就被評為內務整潔、著裝規範和軍姿優美的標兵，很受教官和同學們喜愛。

課餘時間，小巴頓也搞一點惡作劇，藉以放鬆一下緊張的神經。巴頓還是班上第一個被吸收為祕密的兄弟會會員的人，雖然他從內心並不願這樣做，但不得不順其自然，因為這意味著他已經被高年級同學同等看待了。維吉尼亞軍事學院的南方特色、同學之間情深意篤和安妮姨媽的體貼照顧，使他在這裡從沒有感受到孤獨的滋味。

儘管如此，他還是念念不忘上西點軍校學習的事，每次給父親寫信都提醒他催促那位參議員，他早就下定決心，來這學習，只是為進西點軍校做準備。

　　那個巴特先生最終確定，進行一次考試，時間是 1904 年 1 月，地點在洛杉磯。

　　巴頓的父親由於擔心兒子千里迢迢跑到洛杉磯進行考試，可能會影響成績，所以希望巴特先生同意讓自己兒子在華盛頓巴特參議員的辦公室考試。

　　但是，巴特參議員不同意，巴頓只好匆匆去了洛杉磯。巴頓在去洛杉磯的途中，絲毫不敢放鬆，抓緊點滴時間複習功課。他終於按時趕到了考場，參加了考試。考完試後，巴頓感覺還不錯，但是他一天也沒有在洛杉磯停留，又匆忙回校上課了。當時共有 12 個人參加了考試，不久洛杉磯地方報紙上登出了前三名，巴頓榜上有名。父親的朋友紛紛去信巴特，為巴頓遊說。在這樣的情況下，巴特最終決定推薦這位民主黨人的兒子。得到這個消息後，小巴頓的父親激動極了，馬上打電報給兒子，向他表示祝賀，全家人都欣喜若狂。第二天上午，父親坐下來寫了一封洋洋萬言的長信給兒子，抒發他對這件事的感受和對巴頓的殷切希望。父親對小巴頓說，雖然巴頓即將與家人分開，但全家都為他感到高興，因為一個人在世界上最強烈渴望做的事，便是最適合於他做的事。

　　夢寐以求的西點夢終於實現了。巴頓興奮得不可抑制，同學們也紛紛向他表示祝賀。

西點夢變成現實

　　巴頓在維吉尼亞軍事學院的一年中也可謂碩果累累，不僅進一步堅定了獻身於軍隊的思想，身體和心理都進一步成熟了，而且還在實踐中證明了自己有能力與同輩人進行競爭，從而增強了他的自信心。

　　由於頑強鍛鍊，努力學習，巴頓取得了優異的成績。他被告知，如果第二學年繼續在該校學習的話，他將被提拔為第一下士，這是二年級學生中唯一的最高軍銜。

在失望中學會反省

1904 年 6 月，巴頓中輟了維吉尼亞軍事學院的學習生活，懷著更高的追求，興致勃勃地來到夢寐以求的西點軍校。

在去西點軍校前，巴頓和父親在里士滿逗留了兩天，他們去了 7 天戰役的戰場，瞻仰了華盛頓凝視國會大樓的雕塑。父親還指著監獄說，這對於立法者來說是具有預言意義的。

巴頓入學的前一天，爸爸陪巴頓去西點軍校，下午巴頓在校園裡散步的時候，所有軍校的學生都向爸爸敬禮致意，他們還以為他是軍官呢！西點軍校果然名不虛傳。這裡不僅校園幽雅潔淨，作風紀律更是嚴謹規整，充滿著正規的軍事化氣氛。在教育訓練的內容和要求方面，比其他一般軍事院校明顯地高出一籌。

在最初的日子裡，巴頓對這裡的一切都感到新奇：餐廳裡的桌布幾乎每天一換，到處窗明几淨，一塵不染，大家都循規蹈矩，一切都是嚴格的軍事化。但是不久巴頓覺察到，這裡並沒有他所欣賞的那種南方紳士氣派，許多學員的出身並不高貴，充其量屬於中產階級家庭，沒有超凡脫俗的遠大志向。

巴頓在給自己母親的信中說：親愛的媽媽，西點軍校非常的好，到目前為止這裡的待遇比維吉尼亞軍校好。

第一年的時候，巴頓的寢室共有 3 個人，同屋的另外一個人還不錯，學習刻苦，講究衛生。不過有一個人比較差，說話大大咧咧，只能說是中等水準的同學，算不上是真正的紳士。

在失望中學會反省

　　在巴頓找到可以真正稱為紳士的同學並且與他們同住前，巴頓不得不和這兩個人住在一起。

　　巴頓認為自己屬於一個可能快要滅亡或者從來就沒有存在過的階級，與那些懶散、聲稱愛國而又愛好和平的軍人之間差距甚大，如同天堂與地獄之別。

　　所以從剛入學起，巴頓就決心以不同凡響的面貌出現，為成為一名震撼世界的軍人而奮鬥。

　　但巴頓的勃勃雄心，在入學不久就受到嚴峻的考驗。在文化基礎課方面，他缺乏扎實的基礎，學習非常吃力，成績落在同學們的後頭。學習上的困難令巴頓煩躁不安，惶惑的陰影一度籠罩心裡。他甚至開始懷疑自己以前的想法。

　　在給自己父親的信中，巴頓說：「不知道您知不知道我一直以為自己是個軍事天才，我將來可能會成為一位偉大的將軍，但就現在的情況來看，似乎這種想法沒有什麼根據。」

　　事實上自己與其他同學唯一的不同在於，自己有理想並有信心實現理想，而他的同學連理想也沒有。巴頓開始幽怨甚至詛咒自己是一個平凡、懶惰、愚笨而又雄心勃勃的幻想家。

　　巴頓深深感到，這樣下去，前途無望，將無顏以對列祖列宗，會玷汙家族的血統和榮譽。一旦碰到某些困難，巴頓又顯得非常脆弱，現在他就陷入了這種困境。

　　巴頓曾經灰心喪氣地對自己的父親說：「恐怕您高估了我在這裡學習的好處，別忘了，我不是唯一的一個學生，我只是 500 名學生中的一員。其中有些學生非常優秀，比您的兒子不知強出多少倍。」

在失望的同時，巴頓也開始學會了自省，他在給父親的信中反思說：「習慣是人類最強烈的情感，這一點從我身上可以得到證明，我一點也不刻苦勤奮。我現在沒有課時卻也不知該如何打發時間。」

就是在這樣的生活中，巴頓在一天天地變得成熟起來。

有時巴頓認為自己真是糟透了，他這麼說倒不是有點洩氣或是羞恥了，而是說每次罵過自己以後，過不了兩天又恢復原樣了，一點也沒改變。當時巴頓一直生活在對未來的幻想中，這種幻想使巴頓工作沒有熱情，也阻撓了巴頓的進步。

巴頓一直都告訴自己明天要好好學習了，結果今天就總是很懈怠，不為明天做準備。

另外，巴頓只看重軍事課目，尤其偏愛隊列訓練和戰術理論。

戰術系的教員們對巴頓在戰術理論方面的獨到見解十分讚賞，認為他具有超越平常人的軍事天賦和才智，是全系最傑出的人才。

對於隊列訓練的愛好，巴頓更是達到痴迷的程度。他認為隊列訓練最能體現軍人的氣質，培養軍人良好的軍姿和頑強的意志。

根據訓練計畫的安排，隊列訓練是在每週六進行一次，但是巴頓在星期天下午就苦練下一週的課目內容。因此，巴頓的隊列動作漂亮俐落，堪為表率，全班第二，出盡了風頭。

遺憾的是，巴頓的數學成績在全班倒數第一。儘管好友哥薩爾斯勸他擠出隊列訓練的時間攻讀數學，但巴頓置之不理。為

此，巴頓終於嘗到了苦頭，在第一學年結束時，校方決定讓他留級，他原來預想在學年末當上士學員的計畫破滅了。

留級是對渴望成功的巴頓一個巨大打擊，他當時感覺自己真是太蠢了、太無能了。

在這樣的情況下，巴頓在給父親的信中說，自己除了渴望，巴頓什麼也做不了，真是太不幸了。很快，小巴頓的父親回了一封信，信中這樣說：

親愛的孩子：

我今天收到了你的來信，知道你在障礙賽中失敗了，你不知道我有多難過，因為我了解你是怎樣熱切地渴望成功的。

做到有理想並竭盡全力地去贏得比賽是一件好事，但是你必須也要學會平靜地接受挫折和失敗。

你也要了解只要你已經盡了最大努力做了你該做的事，那就足夠安慰了，真正的成功者是那種勇於進取並理應得到成功的人。

你必須獨自去面對生活中的每一場戰鬥，在接受失敗或是迎接成功的過程中，成長為一個真正的男人，我並不擔心你，我知道你正在盡力爭取成功，這也是你所能做的。當你這麼做的時候，在我這方面來說，你已經成功了。

品學兼優的佼佼者

挫折有時並不一定就是壞事，如果利用得好，它能夠造產生促進激勵的作用，把壞事情變成好事情，成為一種精神動力。

巴頓就是這樣，他在父親的鼓勵和誘導下，迅速地調整了自己，重整旗鼓，從頭做起。

整整一個暑期，巴頓幾乎沒有休息，他要改變自己的狀況，他要努力學習。

巴頓的父親專門為他請了家庭教師，就這樣，巴頓一邊自己努力，一邊接受家庭老師的輔導，非常系統地溫習並掌握了全部功課內容。

為了防止自己思想不集中，巴頓在日記中多次告誡自己：「一定始志不渝地竭盡全力。」

努力終於獲得了成效，一個假期的補習，讓巴頓的數學成績有了大幅度的提高，他不再害怕數學，甚至說開始有點喜歡數學。

新的學習生活又開始了，現在巴頓似乎變得成熟了許多，他以嶄新的精神面貌，腳踏實地地去爭取自己希望獲得的成功和榮譽。

巴頓為自己預設了軍校期間期望的三個奮鬥目標：在隊列訓練中奪冠，到四年級時升為學員副官，在田徑運動項目上打破學校紀錄，達到 A 級運動員標準。

品學兼優的佼佼者

到二年級時，巴頓開始在各個方面嶄露頭角，成為全校十分引人注目的人物。

巴頓首先在運動場上一顯身手。綠茵場上不愧是一名衝鋒陷陣的勇士，跨欄比賽敏捷迅速。

令人欣喜的是，巴頓並沒有因此荒廢學業，各科成績均取得優良成績。學年末，他被任命為年級的第二下士學員，負責帶領一年級的一個連隊。

另外，作為學員連隊的小頭目，巴頓顯示了指揮員應有的負責精神和管理才能。

功夫不負有心人，勤奮不輟、潛心投入、性格堅強，使巴頓獲得巨大成功，他的奮鬥目標一個個全部實現：隊列訓練成績名列榜首，刷新了幾項田徑項目紀錄，四年級時被任命為學員副官。

學員副官是全體學員的頭，是品學兼優的佼佼者。巴頓為此春風得意、心花怒放。

無論在閱兵和訓練中，他都保持著一種昂揚的熱情和勃發的姿態，儼然是一位指揮千軍萬馬的將軍。

在練兵場上，他喊著口令，昂首闊步，面對檢閱臺做各種示範動作，猶如鶴立雞群，令人稱羨，而這正是視榮譽如生命的巴頓所嚮往和追求的。

這項任命堅定了他的信心：成功來自長期不懈的努力，來自全力以赴的拚搏。

巴頓在給女友的信中寫道：「你還記得很久以前，我說我想

當學員副官嗎？我擔心我永遠也當不上，而你卻說我會當上的。如今我如願以償了。」

1909 年 6 月，巴頓畢業了，時年 24 歲。雖說他花費了 5 年時間才讀完所有的課程，但仍取得驚人的成績。他是學校跨欄賽紀錄的創造者，同時還是優秀的擊劍運動員和步槍、手槍的特級射手。

巴頓以標準的著裝、優美的軍姿、出色的領導才能和勇敢莽撞的舉動而成為西點軍校的驕傲和關注的中心。

更為重要的是，巴頓以驚人的毅力和意志戰勝了閱讀困難症，克服了擺在他面前的一個又一個障礙，所有的課目都取得了令人滿意的成績。

巴頓比別人付出了更多的勞動和汗水，因而獲得了更多的榮譽和成果。但這僅僅是一個開始，他迫切地渴望在真正的軍旅生涯中開闢出顯赫與光榮的道路。巴頓對軍人職業已經達到痴迷的程度。

巴頓在給戀人比阿特莉絲寫的一封信中說，之所以熱衷軍旅生涯，是因為珍惜傳統、喜歡刺激和渴望榮譽，如果你拿走了這三種東西，生活還有什麼意義呢？

同時，在軍校的幾年學習中，巴頓也為自己未來的兵種選擇，做好了打算。雖然他躊躇滿志，雄姿英發，急切地渴望效命沙場，但是他卻為選擇兵種頗費思量。

首先，巴頓分析了砲兵，火炮具有無堅不摧的威猛形象，砲兵是令人稱羨的。

品學兼優的佼佼者

　　但巴頓認為，砲兵離短兵相接的前線太遠，既缺少刺激，又無建功立業的機會，所以，巴頓首先排除了砲兵。

　　接著在當步兵還是騎兵的問題上，巴頓出現了思想矛盾。騎兵訓練比較有趣，可是想提升到中尉得要 13 年，而步兵訓練不費什麼工夫，7 年就能提升到中尉。這一下子就是 6 年的差別，唉！巴頓真是左右為難。但是，巴頓最終把深情的目光投向了騎兵。巴頓自幼就崇尚騎士精神。他覺得騎士最能體現家族的傳統，他們具有高貴的紳士風度。當一名騎兵軍官，可以揮舞閃亮的軍刀，指揮千軍萬馬，馳騁疆場，殺敵立功。巴頓不想享樂，他只想成功，他寧願辛勤工作一百年去贏得一場戰爭，也不想碌碌無為地活一千年。

堅毅非凡的騎兵少尉

1909 年 6 月，巴頓告別培育自己的母校，來到了伊利諾伊州芝加哥附近的謝利登堡，在騎兵團任騎兵少尉。謝利登堡是一處不太起眼的軍事哨所，荒涼而冷漠。除了正常的訓練和演習之外，軍官們大多無所事事。對於巴頓來說，現在是新生活的開始，他要以生氣勃勃的工作精神，打破了連隊往日的沉寂。巴頓對這裡士兵的無知感到極為吃驚，他們大多數人英文都不好，但是他們所有的人都在努力訓練。巴頓認為，他們都值得尊敬，因為他們對於集合從不提出疑問，也不在乎被責罵。巴頓倒是從未責罵過他們，但巴頓看到別人尤其是下士責罵他們，他們一點都不介意，至少沒有流露出介意的表情。

巴頓對謝利登堡軍營的第一印象是，除了少數幾位軍官外，大多數軍官毫無紳士風度，有些軍官更為糟糕，甚至天天不務正業。

在所有的上司中，他最佩服的是弗朗西斯‧馬歇爾上尉。

在巴頓眼裡，馬歇爾無疑是一位紳士和最優秀的軍官，他們夫婦倆舉止端莊、待人寬厚，靠部隊的薪水生活，有僕人伺候，定期向慈善機構捐款。

弗朗西斯‧馬歇爾上尉任騎兵連長，在此之前，他曾在西點軍校參謀部供職，因而對巴頓的在校表現一清二楚。兩人很快建立了信任與友誼。

堅毅非凡的騎兵少尉

巴頓剛到任就患了花粉熱，幸得馬歇爾上尉的照顧，一個禮拜後就痊癒了。

上尉領他在營區轉了一圈，讓他盡快熟悉連隊的日常生活。他們檢查食堂衛生，觀看靶場的實彈射擊，督促馬伕值班，查閱辦公室的文件等，巴頓對每個細節都很留心。

巴頓滿懷信心、精力充沛地投入新的工作和生活。他特別喜歡帶兵參加野外訓練和演習，討厭枯燥乏味的辦公室工作。

但連隊的野外活動並不多，他感到閒暇有餘，於是便把很多精力投入到其他事情上。

一方面，巴頓少尉利用大量時間繼續研讀軍事理論著作，特別是克勞塞維茲的名作《戰爭論》，雖然晦澀難懂，但巴頓讀得津津有味，一字一句細細品味，手不釋卷。

讀書學習使巴頓獲益匪淺，不斷豐富了知識，提高了軍事理論素養。他信心十足地說：「即使不發生戰爭，我也要當上將軍。」

後來，巴頓把學習研究的體會，撰寫成軍事學術論文，在美國軍事雜誌上發表，頗受重視和好評。

巴頓的作戰理念，最突出的一點就是強調：「進攻、進攻、再進攻，不惜任何代價，直至最終取得勝利。」他以此為依據指導作戰實踐，形成了個人獨特的指揮藝術和戰鬥風格。

巴頓非常注重對士兵的嚴格訓練、嚴格管理。他經常把士兵們拉到野外進行訓練，他的訓練方法和果斷堅毅的作風，受到上下的一致讚賞。

為了活躍連隊業餘生活，巴頓特地設計了一個馬球場，組織了一支足球隊，親自擔任教練。騎兵連連長馬歇爾上尉說，巴頓是一位「特別有希望的年輕軍官，他能力非凡，前途遠大」。

在謝利登堡期間，巴頓的個人生活也是情趣盎然的。

閒暇時間，巴頓常常外出郊遊，帶著獵犬上山打獵，還成為海蘭公園的富人圈裡家宴的座上客。

一些富家小姐也欽慕巴頓的風度舉止，樂意陪伴他出入歌廳、劇院，各種晚會和舞會。

這樣的生活雖然也曾給他帶來了歡樂，但同時也使他產生了一種懊悔和犯罪的感覺，他太需要上進了，這樣安樂的日子不是他想要過的，和平時代的生活往往這樣讓人乏味。

巴頓性情比較粗暴，但是他也盡量克制自己，很少責罵士兵。只有一次，他發現在馬廄裡一匹馬沒有拴，巴頓看看馬廄那頭的那個士兵，咆哮著讓他跑步過來把馬拴上。

這個士兵可能沒聽明白巴頓的話，他只是快走了兩步，巴頓大罵了他幾句，讓他快步跑過來。

士兵跑步過來後，巴頓想到，這其實是對他的一種侮辱，後來巴頓又找到這個兵，向他道歉。

在謝利登堡，巴頓有一件事情讓所有人都記住了他的名字。那是一個星期二的上午，他正在騎馬，他座下的馬忽然跳起來，差點把巴頓摔下來。

因為巴頓的帽子遮住了臉，他什麼也看不見，只能用手和膝蓋支著在馬上站了起來，結果馬跳得更屬害了，最後竟然用後腿

站了起來，又重重地摔倒了。

本來巴頓一直坐在馬上，它摔倒時，巴頓立刻把腿從馬鐙裡抽了出來，它用前腿站起來時，巴頓是傾斜地坐在鞍上的，它站起來之後，頭拚命地向後一甩，結果弄傷了巴頓的肩骨。

直到巴頓看到血流了下來，才知道自己受了傷，但他沒在意，甚至擦都沒擦一下臉，而是繼續訓練士兵幾十分鐘。

訓練結束後，巴頓到辦公室洗了洗臉上的血跡，然後準時為軍士們授課，並參加了青年軍官學習班學習。

下課後，巴頓才匆匆趕往醫務室包紮傷口，當時的樣子狼狽極了，但是在場的人都對巴頓的膽量和勇氣讚不絕口。

包紮完就沒什麼事了，他想自己後來的表現是給沉著冷靜的最好註腳，至少那天巴頓去醫務室打消炎針的時候，那個醫生就說他希望大家都能有巴頓這樣的勇氣。

巴頓自己也認為其他軍人缺少這種勇氣，也缺少冷靜，冷靜是個好東西，因為不冷靜太容易流露出感情，是軍人最不應該有的特徵。

關於這個問題，巴頓專門進行過思考，他認為要正確地做好一件事，必須要不受私人感情的影響。因為你一旦考慮到他的悲哀，他的悔恨，就會陷入一種絕境，那樣就沒有正義可言了。

巴頓曾經關了一個士兵的禁閉，因為他沒有執行命令。

巴頓不想這麼做，但他必須這麼做，他知道軍紀的重要性，它會對整個軍隊產生重要影響。

如果說巴頓在西點軍校的表現，他在足球場上的活躍的身姿，他的大刀闊斧的行動，他無可挑剔的著裝，使他在他的同學

中開始成為傳奇人物，那麼在謝利登堡，在這匹狂暴的馬上發生的行為就使他在軍人中成了傳奇人物。

　　儘管已經流血，這位年輕的少尉仍然如同大理石一般堅毅，照常執行自己的任務，任何看到這一幕的人，都會被他深深地感染。

　　馬歇爾上尉在 6 月為巴頓寫了他參軍以來的第一份評價報告。他對巴頓的責任感、敬業精神、訓練組織管理士兵的能力都給予了高度評價。

　　在報告中馬歇爾上尉說：他非常勝任自己的工作，應委以重任。戰爭期間，他將是最適合帶兵打仗的軍官。

職業之外最成功的選擇

1910 年 6 月，就在畢業後的第二年，巴頓與未婚妻比阿特莉絲在軍營舉行了隆重的婚禮，建立了溫馨的小家庭。

巴頓成為馬薩諸塞州一位紡織巨頭的女婿了，這是一樁既門當戶對又情投意合的婚姻，在以後的幾十年中，時間將證明它是巴頓除了職業以外最成功的一項人生選擇。

巴頓從小就恪守著家族的信條：「勇敢戰鬥！千萬不能辱沒家族的榮譽！」在巴頓的人生追求中，同樣伴隨著一支不同凡響的愛情協奏曲，幫助他走向成功的巔峰。

巴頓少年時代酷愛體育，飽讀歷史，他粗獷的性格、不凡的談吐、俊美的臉型和充滿陽剛之氣的身體就如同一座雕塑，有一股令少女們心動的男子漢氣概。憑著優越的家庭地位和良好的自身形象，不知有多少美麗的少女傾心巴頓，但他的擇偶標準十分苛刻。

巴頓曾公開宣布：「我要找個能理解死的人！」

「我要的妻子，應該像戰士一樣不怕犧牲。」這一標準讓女孩們望而卻步。

巴頓少年時代，經常和妹妹在姨媽安妮或者父母的陪同下，乘船到聖卡特林納島度假。這裡風景如畫，氣候宜人，沒有受到汙染的原始森林散發出縷縷清香。蔚藍的天空、浩瀚的海洋、迷人的自然景觀給人一種心曠神怡、心胸開闊和飄飄欲仙的感覺。

這裡有供游泳的淺灘、供划船的防波堤和供打獵的山地等。巴頓在這裡游泳、划船、打獵、捕魚，玩得痛快淋漓。

1902 年夏天，巴頓一家又來到這個島休息，同時來到這裡度假的還有他們的好朋友拜林和艾爾兩家人。

就在這時，巴頓結識了比他小兩個月的比阿特莉絲小姐。

比阿特莉絲身材苗條，面龐清秀，像天上的雲朵一樣純潔。巴頓經常和比阿特莉絲一起玩耍。誰也沒想到，這次偶然的相識卻發展為兩人真誠愛情的開始。

3 個家庭的 8 個孩子在一塊盡情地玩耍。他們游泳、划船、演戲、跳舞，個個精神愉快、穿著時髦，玩得十分瀟灑痛快。

雖然巴頓對女孩還不怎麼感興趣，但小巧玲瓏、談吐不凡的比阿特莉絲一下子就迷住了他的心。而她也認為巴頓是個很特別的人，頗有男子漢的魅力。

一天午後，在「捉特務」的遊戲中，巴頓隻身跑進島上的原始森林中，不慎跌進一口廢棄的井中。

當時巴頓身上多處受傷，但他忍著傷痛，用隨身帶的獵刀在井壁上挖出腳磴，爬出了井，終於脫險走出了森林。

這次歷險讓巴頓因禍得福，他過人的意志贏得了比阿特莉絲的好感，兩人從此陷入熱戀。面對心愛的女孩，巴頓豪情萬丈地宣布：「我一定會成為一名出色的將軍！」其實，兩人在很多方面都不盡相同。巴頓喜歡運動和展示力量，性格粗獷，而比阿特莉絲則是大家閨秀，喜歡高雅，感情細膩而浪漫。

巴頓當時雖然已經 17 歲，卻還沒有離開過加州家鄉，而比阿

職業之外最成功的選擇

特莉絲則遊歷了歐洲，並在法國和瑞士的學校就讀，能講一口流利的法語。巴頓是個樂盲，而比阿特莉絲卻能彈奏一手好鋼琴。如果說他代表了野蠻的西部生活的話，那麼她則是東部海濱文明的產物。

比阿特莉絲已年滿 16 歲了，但還是一副孩子氣，喜歡玩洋娃娃。在家中的沙龍裡，她是一個活躍分子。由於自幼受到父母的寵愛，她養成了固執、驕傲和目空一切的個性，但她對巴頓卻特別溫柔。

兩人分手後，都有意識地相互通信。比阿特莉絲送給他一個領帶別針作為聖誕禮物。

巴頓寫信表示感謝，說這是我最需要的東西，當我第一次戴上它，照照鏡子看看它是否是筆直的，我情不自禁地舉起了帽子。

比阿特莉絲看過信後，心里甜滋滋的。

在西點軍校就讀期間，巴頓與比阿特莉絲的感情與日俱增，兩人保持著頻繁的書信往來。他曾經為比阿特莉絲的初次社交晚會送去了鮮花。

1905 年 3 月，羅斯福宣誓就任總統，西點學員組隊到華盛頓舉行閱兵式。碰巧艾爾一家也到華盛頓參加慶祝活動。巴頓和比阿特莉絲在一起跳舞，度過了一個難忘的夜晚。

巴頓在給父親的信中稱這是他一生中度過的最美好的夜晚。

偶爾，比阿特莉絲還在週末專門從波士頓趕到西點與巴頓約會，一起去攀登懸崖、郊遊和野餐。比阿特莉絲從巴頓那裡，了

解到不少有關西點軍校的規章制度、軍事知識和體育常識，而他則向她學習法語、文學，並請她幫助修改詩作。

巴頓上高年級後，兩人的約會增加了。巴頓經常請比阿特莉絲跳舞、看球賽，她則經常寫信鼓勵他、支持他。假期，他總是和她及其家人一起度假。

不過兩個人關係也一度出現了矛盾，因為比阿特莉絲的家人不喜歡軍人，這也影響了比阿特莉絲的觀點。

但是這對於巴頓來說，卻是不可能的，他經過深思熟慮後，給比阿特莉絲寫信說：這可能會讓您吃驚，但別的職業真的不值得去做。巴頓不想賺大錢，成為一名成功的商人對巴頓一點吸引力也沒有。

如果有意外發生，巴頓可能會離開部隊，但巴頓不會為了另一項工作而離開部隊，這對巴頓來說就像自殺一樣。

巴頓的表白讓比阿特莉絲認清了自己朋友的真實想法，並最終也認可了他立志從軍的思想。

在交往過程中，巴頓也在試探比阿特莉絲對戰爭和死亡的看法。

親愛的比阿特莉絲：他告訴自己的心上人，「我想最美好的死法是，讓戰爭結束的最後一發子彈打在我的腦門上。」

比阿特莉絲則笑著回答：「那麼我希望戰爭永不結束。」巴頓欣喜地發現自己找到了真正的知音。

兩人的友誼逐漸發展為愛情。

巴頓感到該是向她求愛的時候了，他告訴爸爸，他愛她，但

又不敢向她求婚，因為她在各方面都比他的條件好。

比阿特莉絲是百萬富翁的女兒，受過良好的教育，從小嬌生慣養，被父母視為掌上明珠。而自己則是一個軍人，軍隊的生活枯燥乏味、艱苦危險，對她很可能不適應。

歸根結底，巴頓擔心會破壞她的幸福。而且，比阿特莉絲的父親已進入耄耋之年，她曾說過只要父母還健在，她就永遠在家陪伴他們。

巴頓的父親很清楚，比阿特莉絲一直在等待著巴頓鼓足勇氣求愛，於是就鼓勵兒子大膽向她求婚，但巴頓還是信心不足。巴頓有時想，如何請求她嫁給自己呢？自己一無所成，一無所有，沒有出人頭地的機會和可能性。要讓這麼可愛的女孩去愛一個傻瓜，豈不是居心險惡嗎？

巴頓常常捫心自問，感到無名的惆悵孤獨。

但從內心深處，巴頓是多麼迫切地需要她做他的終身伴侶啊！她能夠真正地理解他，真心實意地愛他，沒有任何虛情假意。

直至 1908 年聖誕節期間與艾爾一家一起度假時，巴頓才終於向她吐露真情，表示希望娶她，但要她不要馬上答覆。

顯然，巴頓當時還是非常心虛的，他沒有足夠的信心，怕遭到拒絕。結果，比阿特莉絲接受了。後來，在巴頓給比阿特莉絲的信中說：是你鼓勵了一個怯懦膽小的人，正是因為我熱切地渴盼成功，以至於我一直都在擔心失敗。希望我們的愛永遠和現在一樣，永不消減，希望我們的理想和我們的愛一樣幸運偉大。

1909 年，巴頓從西點軍校畢業，打算與比阿特莉絲結婚，然而未來的岳丈艾爾卻不同意，他不願女兒嫁給軍人，擔驚受怕。

於是這對愛侶向固執的老人發起了輪番轟炸：女兒向父親撒嬌、懇求，巴頓則向艾爾先生解釋軍隊對他有多麼的重要。

巴頓沒有舉出多少合乎邏輯的理由，但他說：「對我來說，成為一個軍人，就像呼吸那麼自然而已，要我放棄做軍人的一切想法，也會和停止呼吸一樣的困難。」

堅冰被融化了，巴頓的一番肺腑之言終於打動了這位年已 90 歲的老人。

不久，巴頓接到比阿特莉絲的一封信，信中說：「如果你打算 6 月分娶我，那就請娶吧！如果你樂意，爸和媽希望我們 6 月分完婚。」

事情竟然來得這樣快。巴頓風趣地對母親說：「這不是強迫嗎？我接受她。她在絕大多數問題上都有很高的鑑賞力，但在選擇丈夫問題上卻是個例外。」

經過一番籌劃，他們確定了結婚日期，巴頓也專門請了婚假，決定到歐洲蜜月旅行。1910 年 5 月，在一個繁花似錦、綠草如茵的豔陽天，巴頓與比阿特莉絲舉行了盛大的婚禮。

巴頓的婚禮震動一時，波士頓所有的報紙都用了很大的篇幅細緻地描述了這一盛況。婚禮在聖約翰主教教堂舉行，新娘、新郎、伴娘、伴郎和隨行招待人員都無可挑剔。

婚宴也是在最漂亮的地方以最奢華的形式舉行的，而唯一的陰影，正如一家報紙所報導的是巴頓的母親因病未能參加婚禮。

職業之外最成功的選擇

婚禮後不久，巴頓夫婦去歐洲度了蜜月，他們首先去了法國。每次想到法國，巴頓都有點激動，法蘭西這個古老而浪漫的名詞總是勾起他的懷古之情。

到法國度蜜月這個主意，從某種意義上講是巴頓想出來的。

巴頓了解比阿特莉絲的喜好，所以他適時地向她表明自己也是多麼喜歡充滿歷史人文風情的巴黎、馬賽等散發出誘人氣息的地方，於是他們來到了法國。

巴頓已不是第一次來法國了，在讀西點軍校的時候，他就利用假期到法國進行過實地考察。巴頓始終認為，研究戰爭歷史光是停留在書本上是得不到任何有益啟示的，必須把歷史事實與具體的人文、地理環境系統連繫起來。為此巴頓跑了許多地方。而他最感興趣的，便是德、法、比三國交界的地方。這裡是法德交戰的重要之地。

拿破崙征服普魯士，或是腓特烈三世覬覦法蘭西，都要在這片地區絞盡腦汁。野心勃勃的計畫都從這裡開始制訂，而後向對方的國土延伸。這裡的每一座山巒、每一條河流、每一段天塹，都是軍事家們心中最敏銳的觸角。

這裡也是歐洲最美麗的地方之一。綿延的群山覆蓋著鬱鬱蔥蔥的森林，發源於山間的河流沖過道道天然的阻礙後流向狹小的平原。

在這些宜人的自然景觀中，隱隱約約聳立著十六七世紀，甚至更早時期的城堡。面對歷史遺蹟，巴頓不禁心潮澎湃。他總是有一種歷史的沉重感，彷彿緬懷的不僅僅是逝去的英雄，而且還有他自己。巴頓偕夫人來到一個又一個古戰場，用平緩的語調如

數家珍地講過去的故事。在這些戰場上徘徊的時候，巴頓的話語經常充滿感情，有時候自己也禁不住熱淚盈眶。

比阿特莉絲始終對巴頓充滿深深的理解和憐愛。她極富親和力和包容性的細膩性格使巴頓感到溫暖和安全，這一點是夫婦兩人關係融洽非同一般的重要原因。

在回國前，巴頓他們還遊覽了風景如畫的英國鄉村，並在倫敦度過了一段美好的時光。不久，巴頓假期已滿，兩人又乘船返回美國，重回軍旅生活。婚後，新娘子比阿特莉絲隨巴頓來到軍營，她放下大家閨秀的架子，在艱苦單調的軍營內成為巴頓的賢內助。比阿特莉絲幫助丈夫把粗魯的言辭變得溫和順耳，提醒他如何待人接物，還幫助他克服自卑感。比阿特莉絲獻身於巴頓的軍事事業，控制他的脾氣，安慰他受傷的感情，培養他的外交手腕和敏銳眼光。比阿特莉絲還帶著巴頓出席上流人士的酒會，結交了不少軍界高官，使巴頓在軍界獲得了優良的人脈。

可以說巴頓一生的成功，離不開他這個賢惠妻子的幫助，正是在她的全力支持下，巴頓才能不畏困難，開創自己事業的輝煌。

鬥士特質深受器重

　　謝利登堡的生活畢竟還是過於安穩閒適，開始還可以，有些新鮮，時間一長，胸懷大志的巴頓開始不安分起來。巴頓天天自怨自艾，抱怨自己生不逢時。沒有戰爭，對於他來說，就是一種折磨，他感到寂寞難耐。幾經周折，巴頓終於在 1911 年 12 月調到了首都華盛頓附近維吉尼亞州的邁爾堡，並且作為陸軍參謀長伍德將軍的隨從副官。邁爾堡是當時美國陸軍參謀部所在地，軍界要人雲集在此。巴頓真是喜不自勝，他感嘆說：所有的大人物都住在這裡，真是比其他任何地方都更接近上帝，理想遠大的人應該設法遷居這裡。

　　巴頓發現這裡的人比謝利登堡的人工作都努力多了，總的說來，更有軍事氣息。很快，巴頓發現自己可以和當時美國軍界許多大人物一起在大都會俱樂部吃飯，他感到這裡是最最有趣的地方。

　　同時，這個騎兵團的巴頓少尉高大英俊，一雙淺褐色的眼睛似乎顯得有些傲慢和漠然，英挺的鼻子和瘦瘦的下巴時時都在向人們顯示出這個年輕人的幹練和朝氣。身世和財富使巴頓具有不同凡人的身分，他可以從容地穿梭於上流社會最豪華的宴會和娛樂場中。巴頓逼人的英氣、考究的服飾以及高檔豪華的生活習慣使他在愛慕虛榮的人群中頗受歡迎。而活潑的個性、機敏的頭腦和卓越的才能又使巴頓得到了許多實幹派人士的寵信，可以說年

輕的巴頓有著錦繡一般燦爛的前程。

　　一天，華盛頓上流社會豪華的客廳裡，鋼琴家纖細的手指裡流動著優雅的樂曲。人們舉著酒杯，軟聲細語地互相交談著。女士們華貴的衣裙，婀娜的身姿在大廳裡擺動著。

　　忽然，門開了，走進來一對男女，他們真夠好看的！女的長得俊美異常，衣著美麗華貴，氣質高雅，胸前的鑽石項鏈閃閃發光。人們的目光紛紛投向門口，連聊天都暫停了。

　　男的身材魁梧、氣宇軒昂。他身著做工考究的燕尾服、結著白領帶、富有表情的藍眼睛炯炯有神，他是那麼俊逸不凡，英武中透著懾人之威，婦女們眼睛一下子亮了。

　　「他們是誰？」有人問。「你今天剛到這個圈子裡自然不知道，他們是艾爾的女兒女婿！」

　　「就是那位馬薩諸塞州紡織巨頭艾爾嗎？」

　　「沒錯，他女兒叫比阿特莉絲，女婿叫喬治・史密斯・巴頓，可人們習慣叫他『艾爾的女婿』，他本人也出身豪門、軍人世家。」巴頓一踏進客廳，十分熟練的脫帽、掛衣，又十分熟悉的逐一打著招呼：「哈囉，老朋友，身體如何？」

　　「老朋友」親熱地跟他握手，伏在他耳朵邊輕聲地問：

　　「你那支珍珠柄手槍隨身帶了嗎？」

　　「是象牙柄的！先生！只有下等人才帶珍珠柄手槍！我從來槍不離身！」巴頓的話，嚇得他身邊的一位婦女瑟瑟離去。巴頓哈哈大笑起來，聲音十分洪亮。「哎，喬治，朗誦一首你自己寫的詩吧！」

鬥士特質深受器重

「說老實話，我的詩不大高明，遠不如我的散文或評論文章呢！」巴頓用他那「底氣」很足的男高音回答說。然後巴頓舉起手裡的白蘭地酒杯與人家乾杯，手上戴著兩個大鑽戒，一個金戒指，在柔和的燈光下閃耀著光芒。「他具有騎士制度盛行的中古時代的個性，說他是古代武士更恰當！」一個人在背後議論說。「這個人在和平時期是個不安分的搗蛋鬼，在戰爭中肯定是無價之寶！」另外一個人笑著小聲評論。

其實這些話巴頓都聽見了，因為他離這兩個人很近，所以他轉身面對議論他的人，向他敬了個軍禮，鄭重地說道：「謝謝你！我本人把這看作是最高的評價和獎賞。」

比阿特莉絲從朋友那邊走過來，她有點不放心，不知道丈夫一時會說出什麼唐突的，甚至什麼粗話來。她覺得只要她在巴頓身邊，他會變得文雅些，感情也會控制得好些。

比阿特莉絲聰明大度、識大體、顧大局，同時也尊重丈夫的事業、興趣、愛好，她欣賞丈夫的勇敢、好強、爭勝的男子漢氣魄。

在客廳各個不同角落的人，都在紛紛議論著巴頓。巴頓對此也早已習慣了，他沾沾自喜，這不正說明了自己的魅力嗎！「他這麼年輕，自由出入於上流社會的豪華客廳不足為奇，聽說他還可以自由出入於軍隊高級將領指揮系統的密室，是嗎？」

「沒錯！他的陸軍參謀長隨從副官一職幫助了他，使他結識了陸軍部長史汀森。在邁爾堡他們建立了友誼。」

別人的議論也符合事實，巴頓在邁爾堡，結識了許多軍政要

人，亨利・史汀森確實是其中之一，另外還有倫納德・伍德等，他們都是這個新塔夫脫政府時期的陸軍掌權人物。

奢侈的社會風氣也蔓延到了軍隊裡，活躍、激奮、冒險、虛榮是許多人爬上高位的祕訣。陸軍部長史汀森本人就有著這樣的特質，所以他喜歡像巴頓這樣思維活躍、充滿朝氣的年輕人。史汀森選中了巴頓作為自己早晨騎馬的伴侶，使巴頓得以有機會向這位上司談自己對軍隊許多問題的看法。

巴頓給史汀森留下了極好的印象，這對於巴頓在軍界的發展當然是極其有利的，到後來在第二次世界大戰中，史汀森作為羅斯福總統的陸軍部長，為巴頓提供了許多平步青雲的機會。

陸軍參謀長倫納德・伍德顯然也比較器重巴頓，他讓巴頓做了自己的隨從副官。倫納德・伍德將軍是一位軍事改革家，深受陸軍部長亨利・史汀森的器重與支持。

因此，作為伍德的隨從副官，巴頓有緣接近這位部長，進入他的內圈，幾乎立時跨進與世隔絕的最高指揮部的頂層。巴頓善於抓住各種機會，大展口才，向他的朋友上司談他的理想和見解。他的話很有針對性，讓許多人耳目一新。但在這些場合，巴頓的咄咄逼人和苛刻尖酸又讓許多同僚厭煩，人們對他的評價總是褒貶不一。陸軍中另一位重要人物也對巴頓的發展產生了很大的作用，這就是潘興將軍，他是美國著名的將軍，也是美軍第一個五星上將。

潘興看好巴頓絕非偶然，典型的職業軍人潘興是美國 1920年代成功軍人的典範，他有相當高的個人軍事素養，特別強調軍

鬥士特質深受器重

人的勇武精神。潘興對巴頓非常熟，潘興有一個外號叫「恐怖的傑克」，為什麼叫「恐怖的傑克」呢？因為潘興非常講究軍容風紀，潘興不能允許他部下的皮鞋有一點灰塵的。

有一次也就是在對墨西哥的武裝干涉中，當部隊急行軍到達目的地之後。大家都累得不行了，顧不得擦皮鞋就休息，當時潘興看到了之後，非常生氣，就批評值日軍官，命令大家立即起來擦皮鞋。

當時潘興一眼就瞄到了巴頓，他看到巴頓的皮鞋亮得發光，潘興說就照著他這樣做，他怎麼擦的，你們就怎麼擦。所以說潘興對巴頓非常喜歡，那麼巴頓也非常敬重自己的上司，他後來談起潘興也充滿了敬意。

另外，在潘興眼裡，一個標準的軍官一定是一個標準的鬥士。而參加過奧林匹克運動會軍事全能比賽的巴頓，無疑正具有他所要求的品質。

巴頓參加的是第五屆奧林匹克運動會，那是 1912 年，當時巴頓初來乍到，還沒有完全展開他的工作，就被告知將作為軍隊代表，參加當年夏天在瑞典斯德哥爾摩舉行的第五屆奧林匹克運動會。

當時巴頓需要參加的是五項全能比賽，這是一項嶄新的賽事，包括 25 公尺遠射擊、300 公尺游泳、500 公尺騎術、5,000 公尺越野賽和擊劍。

五項全能比賽是這屆奧運會上新設的軍事比賽，其目的是透過在古老技能方面的角逐，誕生出 20 世紀的騎士。

五項全能比賽要求現代的騎士不僅要有傳統的勇武精神，而且能嫻熟地、充分地利用手中的一切條件克服各種困難，越過各種障礙。

所以這種比賽對參賽人員的綜合素養要求很高，要能騎馬，能長距離奔跑，能使用各種武器對付突如其來的變化。

巴頓在這五項技能方面的成績堪稱美國一流，再加上他具有軍人氣概的輪廓分明的外型，讓他作為美國軍官最出色的代表，將會在全世界為現代美國軍官樹立良好的形象。

5月10日，正式決定派他參賽，巴頓立刻著手訓練。由於兩年沒有跑過步，3年沒有游過泳，巴頓特別加大強度訓練這兩項。6月4日，巴頓被告知乘船赴芬蘭訓練，20天後離開紐約赴瑞典，巴頓一家也隨行前往。

直到7月5日，巴頓一直堅持訓練，尤其注意跑步和游泳。在7月4日的一次射擊練習中，他用200發子彈打了197環。後來他說：「巴頓被告知這個成績比記錄還高1環。」

7月7日比賽開始，巴頓在斯德哥爾摩過得非常愉快，全家人都去了比賽現場觀看巴頓比賽。巴頓最後的成績是第五名。

回國後巴頓在報告中寫道：「巴頓游泳第六名，擊劍第三名，騎術第三名，越野賽第三名，但射擊第21名的成績使巴頓總成績下降了。」

不過巴頓的這個獲得第五名過程給許多人留下了難以磨滅的印象。他游完300公尺時，是被人用船鉤從游泳池裡撈上來的，因為他根本就沒有任何力氣爬起來。跑完5,000公尺越野賽全程

後，巴頓因為精疲力竭而暈倒在終點前面的皇家觀摩臺下。

巴頓超越自身極限，拚命奪取勝利的精神在美軍中一時傳為佳話。巴頓的鬥士性格投合了潘興將軍的心意，對於他的一些明顯的缺點，將軍也是視而不見。

潘興將軍常常向周圍的人介紹巴頓：「我們軍隊需要匪徒，巴頓這小子就是！」寵愛之情溢於言表。

在潘興身邊工作的日子裡，巴頓一次又一次地證明了自己的鬥士特質，讓將軍很高興。隨之而來的，是令人應接不暇的提拔，速度之快，在軍中也極為罕見。

軍銜晉升的快慢一方面反映了軍官本人的才能，另一方面也反映了部隊的體制及時局的變化，也就是外在的大環境的發展變化。

第一號劍術專家

參加奧林匹克運動比賽後，巴頓希望在擊劍方面完善自己，他向當時在斯德哥爾摩遇到的每一位擊劍手請教。在回國途中，巴頓專門繞道去了法國，並前往索米爾騎兵學校，拜會了該校副校長、歐洲職業劍術冠軍克萊里先生。在索米爾騎兵學校，巴頓聆聽了這位著名劍術大師的講課，並當面求教劍術和授課方法等問題。毫無疑問，巴頓的劍法得到了提升，但更有價值的是他吸取了歐洲刀劍類比賽職業冠軍克萊里的教學方法。

回到美國後，巴頓受到英雄般的禮遇，應邀與陸軍參謀長伍德將軍和陸軍部長史汀森將軍共進晚餐，使巴頓感到莫大的榮幸。此後，巴頓以極大的興趣迷戀於馬術和劍術。巴頓盡可能地參加了華盛頓地區舉行的各種馬術運動會，其目的一是培養自己精湛的馬術，但更重要的在於利用在公眾場合露面的機會，提高自己的知名度。巴頓曾毫不掩飾地對一位朋友說：

「我所做的事情在您看來可能像兒童遊戲，但是對我的事業卻是一種最好的宣傳。這樣可以引起公眾對我的注意，讓大家去談論我。引起別人的注意是許多人功成名就的開端。」

功夫不負有心人，巴頓首先以其對改進騎兵馬刀的卓越見地在美國軍界嶄露頭角。

美國騎兵使用的是弧形的彎刀，在戰鬥中只能用刀刃砍殺敵人，而法國騎兵使用直劍，可以在馬上直刺敵人，充分體現了強烈的進攻意識。

第一號劍術專家

相比之下，法國騎兵具有更高的效用，因為刺殺能夠更快捷地貼近敵人，更有效地實施進攻行動。

巴頓將這一看法寄給了法國劍術大師克萊里，他說：「法國人使用的馬刀遠遠勝過我們的，整個法國騎兵的刀法體系歸結為一個詞，就是進攻。」

巴頓將自己的研究成果整理成一篇學術論文，建議將美軍現行的彎刀改為法國式的直劍。

最後，巴頓還將文章投寄給權威的軍事學術雜誌《陸海軍雜誌》，以期引起有關方面的注意和重視。

同時，巴頓在 3 月分給國防部行政長官的報告中，也介紹了克萊里的教學方法。

巴頓說：「這是一種和美國軍隊中的教授方法完全不同的一種更有效的教學方法。它把力量減小到最低程度，因而也更安全。我用軍刀已經用了很久，因此我相信自己的觀點是建立在認識的基礎上而不是要創出什麼不同的觀點。」

巴頓認為法國人用刀尖比美國人用的頻率高得多，整個法式擊劍體系都建立在進攻上。

在教授時，教師幾乎不教或是很少教馬上擊劍方式，但學生們在進攻時，要持續地運用劍尖，在訓練時，大部分時間都花在這上面了。當時有人爭論說，美國是個善於使斧的國家，更習慣用刀。但巴頓透過觀察，認為法國士兵和美國人一樣頻繁地使用刀，而且他們對刀的使用是經過嚴格訓練的，是比美國高明的。

新型法式軍刀是直線形設計，刀有 0.92 公尺長，刀身的寬度

為 0.03 公尺，刀刃非常長，是一種理想的刺傷性武器，能夠完美地適用於刺殺。

巴頓論文的發表和報告的送上，立即引起美國軍界的廣泛關注。陸軍部長史汀森讀到了這篇文章，決定採納巴頓的建議，指令依照巴頓設計的樣式生產兩萬把軍刀，裝備騎兵部隊。巴頓喜出望外。他奉命前往斯普林費爾德兵工廠監製驗收。不久，美軍騎兵部隊官兵就廣泛使用了聞名遐邇的巴頓劍。

巴頓對軍刀的研究意猶未盡，他系統地整理了歷史上各國使用的各種劍，專門評述了德意志人、哥薩克人、土耳其人和阿拉伯人使劍的優劣，連篇累牘地發表論文，可以說成了名副其實的劍術專家。

1913 年夏，巴頓希望專門到法國索米爾騎兵學校研習劍術。由於他在這方面的造詣和聲望，這一請求得到了上級的批准。

巴頓自費來到索米爾，在一個半月的時間裡，巴頓與法國劍術大師克萊里交上了朋友，他們共同切磋技藝，討論騎兵的訓練方法和軍刀使用的各種問題。

此行使巴頓的劍術理論和技藝進一步趨於精湛和完善。除此之外，巴頓還有另外兩個收穫：一是利用這次短期的學習機會，結交了一些法國騎兵朋友，在經常性的聚會和交談中，巴頓不僅更深入地了解了拿破崙的軍事思想，也學會了一口流利的法語。二是開著汽車詳細地察看了瑟堡至索米爾之間整個叢林密布的原野，這裡曾是威廉一世 1066 年征服英國時調動軍隊的地方。巴頓驅車行駛在崎嶇不平的分水嶺和鄉間小路上，以一個職業軍人

第一號劍術專家

的特有眼光，看到這片原野具有明顯的軍事意義。後來，巴頓寫了一份長篇報告，總結了這次勘察的結果。巴頓指出，那些分水嶺的道路，不管下多大雨，地面總是堅硬的，足以經得住軍事輜重的運輸。1913 年 10 月，巴頓奉派進入堪薩斯州賴利堡騎兵兵種學校學習，同時兼任劍術教官。在校兩年期間，巴頓系統地學習了全部騎兵專業課程，還完成了繁重的教學任務。同時，為騎兵委員會起草了新式直劍的使用條例，編寫了陸軍賽跑記錄。巴頓被公認為美國陸軍的第一號劍術專家，並第一個獲得「劍術大師」的榮譽稱號。然而平靜的生活，是巴頓所不能忍受的。巴頓為戰爭而生，他天性好戰，視戰爭為生命，但自從美西戰爭結束以後，美國一直處於和平時期，與周邊國家相安無事，這使他心灰意冷，大有懷才不遇之感。在賴利堡騎兵兵種學校學習期間，他有兩次差一點嘗到了戰爭的滋味，但都未能如願。

第一次是 1914 年 4 月的美墨衝突，當時墨西哥爆發了資產階級革命，美國政府以「保護美國公民權利和安全」為藉口，調集 10 萬軍隊企圖進行武裝干涉。

這個時期，巴頓迫切希望戰爭能夠盡快打起來，並急不可耐地要求參戰。

但是，事與願違，由於美軍遭到墨西哥軍民的頑強抵抗和拉美各國的一致反對，加上胡爾塔親美政權很快垮台，威爾遜政府被迫宣布撤軍。

巴頓只好繼續當劍術大師和騎兵學員。第二次是 1914 年 7 月第一次世界大戰爆發。巴頓獲悉這個消息後欣喜若狂，馬上給

去信法國朋友，請求他們幫他在法國軍隊中安排一個職務，然後申請離職一年到歐洲作戰。

　　但是，原陸軍參謀長、時任東部軍區司令伍德將軍堅決反對，說讓巴頓這樣的年輕人參戰，只會在外國軍隊中浪費生命，巴頓又只好作罷。

出征墨西哥顯身手

1915 年 6 月，巴頓從賴利堡騎兵兵種學校畢業了。經過這段時間的學習，巴頓獲得了參加晉級考試的資格，各科成績合格，教官們一致公認他是一個具有魄力和前程遠大的軍人。但令巴頓不滿的是，他又被分配到以前所在的團隊。這個團很快要開赴菲律賓執行任務，但巴頓不願到那個平安無事的島國去，於是請假到華盛頓去另謀出路。

但在華盛頓，只有大都市俱樂部的守門人認識他，這使他既傷心又憤憤不平：「沒有其他人認識我。但將來總有一天我要讓他們所有的人都認識我。」

經過多方努力，巴頓終於謀到了一項新的任職，被調往得克薩斯州布利斯堡的第八騎兵團。

巴頓之所以要調到這個偏僻的地區，是因為該地與墨西哥接壤，美墨之間的矛盾當時非常尖銳，很有可能演變為一場公開的衝突。巴頓希望自己能夠盡快加入戰爭。

巴頓抵達布利斯堡後，發現無事可做，原來他所在的騎兵團還沒有到位，而他卻由於急於參戰而提前到達了。

由於來得太早，巴頓發現無事可做，於是，就利用這段時間加緊準備晉級考試。

為了使考試能順利透過，除了溫習各門課程之外，巴頓設法利用各種關係。他曾主動幫晉級委員會主席馴養小馬，以取得他的好感。

碰巧，原來的老上司現在已經是少校的馬歇爾到布利斯堡訪問，與晉級委員會的第二號人物住在一起。巴頓立即拜訪了他們，結果，巴頓輕鬆過關，獲得了晉升的資格。

　　騎兵團到位後，巴頓謁見了身材肥胖、和藹可親的團長。由於連隊的上尉、中尉軍官都空缺，就由他臨時指揮一個連。

　　巴頓教士兵們如何正確地洗馬和餵馬，還教他們騎術和劍術。他高興地看到，團隊使用的軍刀全是他設計的巴頓劍。

　　每天巴頓指揮連隊訓練的時候，他看著這些軍人手持自己設計的軍刀，雄糾糾，氣昂昂，感到自己的功夫沒有白費，十分感動，有時甚至眼眶裡湧滿了熱淚。

　　巴頓似乎聽到了遠古祖先的號召，體驗到了奮戰沙場的榮耀。戰場上，巴頓一馬當先，率領手下的一個騎兵團，馳騁疆場，大有踏平一切的氣勢。

　　但更令巴頓興奮不已的則是戰鬥的召喚。

　　不久，巴頓的連隊接到轉移命令，就和另外一個連隊出發了。他們跋山涉水，經過幾個禮拜的艱苦行軍到達了他們的目的地。

　　這是位於高山密林中一個叫謝拉布蘭卡的小鎮，巴頓他們的任務是保護一個個孤零零的牧場，使其免遭墨西哥人的襲擊。

　　更重要的是保衛從附近透過的南太平洋鐵路主幹線。為此，他們要定期到 48 公里以外的地方巡邏。

　　這是一個被世界快要遺忘了的角落。小鎮上只有 20 戶人家。

　　居民們都穿著帶有馬刺的長靴，手持武器。小鎮的一名法警是全鎮最有勢力的人物，長著一頭白髮，雖然笑容滿面，實際上

出征墨西哥顯身手

卻是一個著名的槍手。這個法警有 7 個兄弟,雖然衣衫不整,卻非常富裕,擁有大片的不動產,他們還專門僱請了一名槍手。

巴頓結識了鎮上的不少人,但對他們怎麼也捉摸不透。鎮上唯一的社交娛樂場所是一個小酒店,那裡又髒又爛,整天酒氣熏天,令外來人不敢駐足。

這裡是一片未經開發的荒野,方圓幾十公里的土地野草叢生,危機四伏。野生動物俯拾即是,尤以鵪鶉、野鴨和野兔為多。在外出執行任務的過程中,喜歡打獵的巴頓經常能夠輕鬆地打到獵物,為大家帶回美味,他也因此獲得了槍手的美名。巴頓經常和戰士們騎馬在高山峻嶺上奔馳,從一個哨所趕到另一個哨所,有時整天不得休息,還得隨時提防墨西哥人的伏擊。

巴頓非常喜歡這項工作,認為這裡的生活很像當年外公在大西部度過的拓荒生活。但巴頓並不是來這裡拓荒的,他正在焦急地等待著戰鬥。

感恩節前夕的一個傍晚,設在埃爾帕索的總部打來電報,說是當夜可能有 200 名墨西哥人襲擊該鎮。巴頓手下雖然只有一百來人,但還是決心給敵人來一記迎頭痛擊。他立即制訂了反擊計畫,命令士兵嚴陣以待。巴頓本想體驗一下戰鬥前夕的緊張氣氛,但令他失望的是,他感覺到這並沒有馬球比賽那樣興奮和激動。更令巴頓大失所望的是,戰鬥沒有發生,一夜都平安無事。第二天晚些時候,巴頓又接到命令去攻擊格蘭德河美國這一邊的墨西哥人營地。

但是,這次巴頓又撲了一個空,他們騎馬跑了 100 多公里,

連墨西哥人的影子都沒見到。

1916 年 3 月 9 日，墨西哥起義軍襲擊了美國新墨西哥州的哥倫布城，殺死 17 名美國人。潘興奉命出征，打擊墨西哥，抓住義軍首領。

巴頓可以說是應時代而出的一代軍官，他透過小道消息，加上巴頓敏銳的洞察力，知道了美國將要派遣遠征軍的消息，但同時又得知，自己所在的團不在改編之列。

但是巴頓執意前往，他為了見到潘興將軍，坐在他辦公室外的椅子上等了近 40 個小時，最終爭取到了與潘興將軍面談的機會。巴頓請求他無論如何都要帶上巴頓，將軍的答覆是，大家都想去，為什麼要讓你去而不讓其他人去呢？巴頓說：「因為巴頓比其他任何人都更迫切上戰場。」可惜，巴頓這簡單的理由，最終只得到了這樣的一個回答，「好了，就這樣吧」。還好，將軍待巴頓還不賴，巴頓又見了將軍一面，並且再次提出請求，結果仍然與上次一樣。巴頓並不灰心，回到家裡，就動手準備鞍具。第二天早上 5 時，電話突然響起，巴頓剛拿起電話，就聽見將軍在電話那頭問道：「巴頓中尉，你需要多少時間準備？」當巴頓告訴他一切準備就緒時，潘興將軍喊道：「你真是難以置信，我任命你為我的副官。」巴頓聽到潘興將軍的話高興得差點跳了起來，不過他也不知道將軍為什麼忽然同意了自己的請求。直到三年之後，巴頓才知道，當時他之所以決定帶上巴頓，是因為他自己就曾經做過和巴頓一樣的事情。

參戰機會的出現使得巴頓非常興奮，巴頓則暗下決心，一定

出征墨西哥顯身手

要證明自己的能力。能夠參加這次出征，巴頓感到很幸運，為了證明自身的價值，他什麼工作都做。部隊出發前，巴頓主要協助海恩斯少校翻譯電文。行軍途中，他又負責將軍的伙食。進入墨西哥以後，巴頓更是鞍前馬後。巴頓跟隨潘興下部隊檢查工作，陪他騎馬參加演習，整理公文，管理膳食、馬匹、車輛、警衛、護衛部隊以及辦事人員等，此外還要與戰地記者打交道。不久，部隊進入了墨西哥。這裡的溫差很大，白天炎熱，黑夜嚴寒，雨和雪下個不停。潘興率領 10,000 多人的遠征軍四處跋涉搜尋，結果連敵人的影子也看不到，追捕行動毫無進展，部隊的戰鬥熱情很快就低落了。

將軍決定將部隊轉移到邊境以南 700 多公里處的薩塔沃，當時，雖然巴頓知道，第十一騎兵團、第十三騎兵團的一個連及第十騎兵團的部分人馬都在那個方向，但卻得不到任何回信。

巴頓他們此次行動就是要與他們靠近，並透過飛機與他們取得聯繫。這些飛機將在第二天一早與他們會合。

巴頓他們加到一起總共 15 個人，9 支步槍，坐著 3 輛敞篷的汽車，在地圖上根本找不到的山區與沙漠裡跋涉，全程能有 90 公里，路又極其難行。

巴頓坐在第一輛車裡領路，夜越來越深，黑暗中巴頓所乘坐的那輛車的前燈的燈光突然落到一個全副武裝的墨西哥人身上。他正好擋住了巴頓他們的去路。

同時，在兩邊的灌木叢中隱隱可以看到埋伏在那裡的士兵，巴頓他們的車馬上停了下來。

同時，按照先前的命令，將軍乘坐的第二輛車開到了巴頓的右側，第三輛車又開到了第二輛車的後側，這樣就像三明治一樣，將軍的車被夾到了中間。

　　這時，8名士兵不約而同地從樹叢中一躍而出，站到了各自的位置上，擺好了進攻的架勢。

　　巴頓不知道來者是敵是友，心中不禁怦怦直跳，但他還是跑上前去，用結結巴巴的西班牙語與他們交涉。

　　巴頓自稱是一個汽車團的先頭部隊，企圖矇騙他們，結果這些人根本不在乎他們。

　　巴頓正想繼續矇騙他們，將軍出現在巴頓旁邊，告訴對方自己是潘興將軍，並向他們質問，他們哪裡來的膽量，敢攔他的車。

　　將軍具有威懾力的存在和他對危險渾然不屑的態度完全把這些墨西哥人給鎮住了，他們自動放行了。

　　巴頓他們又繼續趕路，就巴頓個人來說，直至1,000公尺外，他那似乎有顆子彈穿膛而過的感覺才停止。

　　兩小時後，3輛運載飛機備件與汽油的護衛卡車遭到了同一夥墨西哥人的襲擊，這件事使巴頓想起了凱薩曾經說過的一句話：命運只偏愛有膽量的人。

　　巴頓在墨西哥的輝煌日子是5月發生的一次遭遇戰。

　　5月14日星期天，巴頓奉將軍之命向附近農民收買玉米送往司令部。他帶著10名士兵、兩個偵察兵、兩個司機，一行共15人分乘3輛卡車在當地凱奧特和薩爾希圖兩個村子買到了糧食。

出征墨西哥顯身手

巴頓他們本來可以直接返回營地，但巴頓卻想乘機尋找作戰的機會，他命令向一個叫薩爾蒂約牧場的地方開去，他認為那裡是一個墨西哥義軍聚集的地方，說不定他能有所收穫。

車子靠近牧場了，巴頓命令加速前進，迅速越過一座房子，來個急剎車。

然後巴頓和兩個人順著房子的北牆穿過去。其他兩輛車在房子的前面停下來，車上各跳下 3 個人快步穿過南牆。他們 9 個人迅速封鎖大門，搜查房子，其他 6 個人則封鎖了道路。

然後巴頓來到了這所房子裡，一個老人接待了他。這個老人賣了一些玉米給巴頓，巴頓發現這個老人有些心神不定，舉止不安，他馬上感到這裡可能有墨西哥義軍。

巴頓立即帶人將卡德納斯家包圍起來，突然，3 個騎馬的武裝人員出現了。

他們發現巴頓後，立即掉頭向南面奔去，守在南面的幾名美軍士兵當即向他們開槍射擊。

這些人只好折向巴頓這一面，並向他開火。巴頓拔出手槍一連打了 5 發子彈，結果一個騎馬的人當場斃命。另外兩個也相繼被打死。

經過辨認，巴頓發現死者中有一個是墨西哥叛軍的首領。他們把他的屍體放在車鉤上，巴頓把他使用的鍍銀的馬鞍和嶄新的劍放到車裡。

這時，不知從什麼地方又出來 40 多個騎馬人，他們向巴頓一行發起猛烈的攻擊。

巴頓命令部下一邊快速行駛，一邊向敵人還擊，總算沒有受到多大阻礙，安全抵達目的地。這是一次了不起的勝利，潘興允許他保留戰利品，以作為紀念。

　　很快，巴頓給家人寫信，描述了自己參加戰鬥的感受。他說：一直以為自己會害怕在交戰中，可自己非但沒害怕，連一點兒激動的情緒都沒有。

　　巴頓感到非常幸運，自己既能參戰，又能毫髮無損。

　　他在給自己妻子和姨媽的信中說：當時 3 個敵人在 10 多公尺之外向自己開槍，自己非常納悶他們怎麼能打不中自己呢？那槍口似乎正對著自己。

　　很快，巴頓的事跡被寫成文章，配上他的照片刊登在全國各大報紙上，巴頓成了美國的英雄。《紐約時報》以大幅標題作了詳盡的報導。

　　但更為重要的則是，潘興將軍在電文和正式報告中對巴頓進行了表彰。巴頓神話第一次在全國傳開了。

　　這次遭遇戰規模雖然不大，卻具有某種特殊意義。它是美軍戰史上第一次小分隊乘汽車作戰。

　　這種戰法即是後來眾所周知的摩托化作戰的雛形，它預示著巴頓以後在這方面將大展宏圖。

　　這次戰鬥也是巴頓從軍以來的首次參戰，這一勝利證明巴頓的勇氣和能力，大大加強了他的自信心。

　　而且，這次戰鬥還是潘興遠徵取得的主要戰果之一，巴頓給潘興爭了光，受到這位將軍的重視。

出征墨西哥顯身手

　　不久，根據威爾遜總統的命令，潘興將部隊撤至距邊境 240 公里的地區內。

　　邊疆荒原的生活十分枯燥乏味，官兵們的思鄉情緒極為強烈。為了充實部隊生活，潘興安排了一系列體育比賽和文化活動，包括馬術、射擊、拳擊、田徑等項目。

　　另外，巴頓還組織檢查組對所有的人員、馬匹和裝備進行全面的檢查。巴頓參加了這一工作，並具體負責戰術演習和模擬戰鬥訓練。

　　隨潘興將軍遠征墨西哥使巴頓獲益匪淺，他不僅由少尉晉升為中尉，還由於參加戰鬥而聞名全國。但巴頓認為，自己的最大收益是認識了潘興這個偉大的軍人。一方面，巴頓透過觀看潘興組織和指揮演習，了解了機動作戰的價值，認識到以騎兵迂迴敵側翼擊敗步兵是比較有效的戰法。另一方面，巴頓認為潘興不僅僅是個朋友，而更主要的他是一名優秀的職業軍官。潘興眼光敏銳，明察秋毫，在戰場上指揮若定，沉著冷靜，對紀律和忠誠有嚴格的要求，並身體力行，這些都影響了巴頓。甚至潘興將軍的言談舉止、生活習慣都給巴頓留下了深刻的印象。總之，巴頓認為，潘興的方方面面都值得自己思考和模仿，自己在墨西哥學習到的，比以前服役期間學習到的總和還要多。

　　1917 年 2 月初，遠征軍撤回國內，在埃爾帕索休整。一切又恢復到了以前的老樣子，這使剛剛嘗到打仗滋味的巴頓感到百無聊賴。

　　巴頓曾向妻子坦率地承認，如果他確認在軍隊中永無出人頭地之日，那麼他會辭去軍職，陪家人度過愉快的生活。巴頓對當

時的工作很不滿意，整天，沒太多事兒可做，他感覺整個人都懈怠了。

　　不久，美國對德宣戰，參加了大洋彼岸的戰爭。巴頓又要踏上了新的征途，離開軍隊的一時衝動已經蕩然無存了，他熱切地盼望著軍隊的開拔。

上帝垂青的軍事指揮家

巴頓從軍以後破格的迅速提升，一方面是他的卓越才能所致，另一方面也說明了時局的變化。這時的軍隊已不僅僅是年輕人所幻想的戰爭的擺設了，美國兵要到歐洲大陸同德國佬打仗了。歐洲早在 1914 年就已成了戰場。英國人、法國人、俄國人、德國人等，早已各自結成了對立的兩派，分西、東、南三條戰線拼對廝殺。美國因為與歐洲隔洋相望，獨立的地理位置使它能夠不理睬歐陸的風雲變幻而繼續沐浴在和平的陽光裡。但這場戰爭不僅僅是簡單的強與弱的征服與被征服、復仇與扼殺，戰爭爆發的因素牽涉面很廣。

戰爭的結果，將決定著參戰各國未來在世界上的地位和命運，包括政治上的影響力、對殖民地和海外市場的支配權、經濟上的諸種利益等。

從某種意義上講，第一次世界大戰是普法戰爭的延續。普法戰爭中，法國大敗，法皇被俘。屈辱的《法蘭克福和約》使法國被迫割去了阿爾薩斯和洛林兩個重要的煤鋼產地，賠款 50 億法郎。而德國卻因此次戰爭完成了國家統一，國力逐漸超過了法國。而且為了一勞永逸地消除這個南部威脅，德國想盡了各種辦法削弱法國。而法國當然也不願遭到再次失敗，所以不斷加強軍事建設。歐洲的國際政治關係愈加複雜，其結果便是分別以德、法為中心，形成了兩大軍事集團，軍備競賽日趨激烈，地區衝突

不斷升級，大戰隨時都有可能發生。

美國作為新興的西方強國，無論如何也不可能永遠坐山觀虎鬥，它是在等待著合適的時機，讓歐洲列強在戰爭兩敗俱傷，然後出來收拾殘局。

當時美國才剛剛獨立 100 多年，渾身上下充滿了活力。遼闊的國土，豐富的自然資源，充溢著自由和冒險精神的社會氛圍，吸引著成千上萬來自世界各地的移民。

美利堅合眾國就像一個迎著朝陽邁進的青年人，很快就把它的歐洲老古板對手甩在了後面。早在「一戰」前 10 年，美國的社會生產力就已經穩穩排在世界第一的位置了。與此形成鮮明對比的是西歐大陸，自 1618 年的 30 年戰爭開始，西歐一直是近代國際關係大舞台的中心。這個熱鬧的政治經濟中心地區一度操縱著全球的命運，然而它的發展卻隨著 20 世紀的來臨變得越來越緩慢。西歐大國忙於軍備競賽和爭奪海外殖民地，發展的勢頭嚴重受阻。英、法已分別退居世界第三、第四位，只有不斷強大的德國上升到了第二位。

不斷激化的矛盾終於在巴爾幹這個素有歐洲火藥桶之稱的地方達到了巔峰。

1914 年 6 月 28 日，塞爾維亞民族主義分子在薩拉熱窩刺死了奧國皇儲斐迪南夫婦，戰爭立即爆發了。

參戰各國的政府首腦和軍事統帥都預計這是一場速決戰，只要透過幾次大的軍事行動就可以迫使敵方就範，迅速地結束戰爭，達到預定目標。

上帝垂青的軍事指揮家

但殘酷的現實是，這一場真正意義上的世界大戰，把歐洲變成了一個名副其實的屠宰場。

從 1914 年 9 月的馬恩河戰役，到 1915 年至 1916 年的凡爾登戰役、日德蘭海戰，以英、俄、法為一方的協約國以及以德、意、奧為另一方的同盟國，都為戰爭付出了沉重的代價，而策略目標依舊寥若晨星。

這場大戰變成了拉鋸戰，交戰的雙方被困在塹壕和鐵絲網之間，成千上萬的生命被白白地葬送掉。

1917 年俄國爆發了革命，由英、法、俄組成的協約國危在旦夕。美國在大戰期間一直是協約國的軍火供應商，一旦俄國退出，美國將蒙受巨大的損失。

在歐洲各列強都被打得奄奄一息的時候，美國參戰的最好時機來臨了。在這個時候美國參戰，可以說決定了這次戰爭的勝負，從而也能夠順理成章分得戰後的巨大利益。

巴頓有著強烈的民族自豪感，他為自己是一個美國人而驕傲，他甚至認為美國的民主制度以及美國人的生活方式是世界上最完美的模式。

巴頓心中一直認為自己的一生是不會平淡無奇的，他想像中的完美自我，就是在遇到各種重大危機時能勇敢堅強。巴頓的職業是軍人，因此他渴望在戰火硝煙中成為一個真正無畏的人，一個智慧的人。

巴頓也許可以倚仗自己的頭腦，加上自己的不懈努力成為一個出色的律師，一個頗具影響的史學家，但是，絕對不是最好的律師或最好的史學家，甚至可能什麼也不是。

但是，巴頓絕對是一個最優秀的軍事指揮家，他的才能只有在戰場上才能充分發揮出來。上帝垂青於他，讓他在生命中的黃金時段裡，有機會參加了世界大戰。

熱情接受新的任命

美國宣布參戰後，潘興受命組建一個步兵師，率該師作為美國首批參戰部隊赴法國協同英法聯軍作戰。他為組建師參謀部物色了一批軍官，其中包括巴頓。

幾天後，潘興又被任命為美國遠征軍司令，他電告巴頓迅速趕到華盛頓報到。潘興和巴頓一行乘船前往歐洲，巴頓滿懷希望與熱情來到了法國。到了法國，潘興將軍忙得很，巴頓只在一次用餐時見到了他，偶爾，巴頓也可以跟隨他去檢閱。巴頓自己也有火一樣的心，他渴望自己能在前線指揮殺敵，但是他很快發現現實與理想相差甚遠。那些高級指揮官們一天到晚都忙於研究戰局，著手制訂美軍的一系列軍事計畫，卻遲遲不見行動。要知道，這是美國第一次派兵到歐陸作戰，從後勤供應到前線指揮，一切都需要從頭開始。在總司令龐大的指揮所裡，巴頓作為低級副官沒什麼大事可做，一天到晚都是跟在別人的屁股後面跑。

潘興將軍似乎與他也沒有了以前的那種親密關係，非常隨便的玩笑沒有了，誰也沒有時間和精力去理會他遠大的抱負。

但是，巴頓可不是一個習慣於無所事事、受人冷落的人，他思來想去，決定去找潘興將軍討個差事。

「將軍！」巴頓好不容易找到了百事纏身的潘興，恭恭敬敬地敬了一個極其漂亮的軍禮，然後說：「我有一個小小的請求，希望能夠得到您的答應。」

「講吧！我親愛的巴頓少校。」潘興語調極其平淡地說。

巴頓注意到了潘興對他的稱呼不是平時親切的「小子」，這讓他有些掃興，不過他相信將軍是能夠幫助他的。

巴頓調整了自己的情緒，竭力平靜地說：「我想到戰鬥崗位上去。這裡現在看來並不十分適合我。您知道，將軍，我是一名戰士，我應該到前線去殺那些德國佬！法國人總是很笨，他們上了前線還在做香檳美夢。」

潘興笑了笑說：「年輕人，你的想法不錯。我這裡有個新的任務，你或許會喜歡的。」

潘興說的新的任務，是指正在醞釀組建的美國第一支坦克部隊，潘興說：「你看，法國人、英國人都在搞這玩意兒，我們美國人也應該試一試。你可以去幹做這事，如果不感興趣，可以去帶步兵營。」

坦克在 1917 年已不是新名詞了，最初源自一位名叫歐內斯特・斯文頓的英國上校，他是戰地隨軍記者，當時突發奇想才出現了這種新式武器。

當時這個英國記者建議製造一種能夠自行推進的車輛，它能夠跨越戰壕，又有裝甲，還配有火炮或機槍等進攻性武器，能夠自行推進，寓攻於防，攻防兼容，既不怕機槍的襲擊，又能進攻敵人陣地。當時的海軍大臣溫斯頓・邱吉爾對這一想法很感興趣，因為當時歐洲戰局處於僵持階段。在 12 公里長的戰線上，雙方分別投入了 20 多個師，進行拉鋸戰，一時很難分出勝負，各國都在想新的辦法。對雙方來說，在西線上的首要的戰術問題

熱情接受新的任命

就是怎樣突破戰壕。要達到目的，軍隊需要跨過死亡區。

在敵人機關槍和大砲齊射的槍林彈雨中，士兵們必須切斷死亡區中帶刺的鐵絲網，然後沖進戰壕中與全副武裝的敵軍展開面對面的肉搏戰。

明智一些的方法，就是利用連綿不斷的炮轟打爛鐵絲網、破壞敵方槍械，壓得敵人抬不起頭來。然後，讓自己的士兵跳起來一哄而過。但是，這些是理想的說法，敵人也不會只在那裡等著挨打，他們會利用各種方法，保持自己的力量。並且使那些攻擊的士兵相對地處於暴露的一方，遭受損失。而且敵人還會有增援力量，所以這種攻擊的代價是昂貴的。

當然，不想這樣硬碰硬地進行陣地戰，那就得進行偷襲。但這並不是想像中那樣容易，因為敵方的防禦上都有警報器，這樣很容易就會暴露目標。而且偷襲一般是不可能用很多人的，一旦被敵人發現，後果將是非常嚴重。

利用毒氣和化學武器，可能會使突襲成功，但也同樣存在弊端。因為自己的軍隊也不可能直接暴露在毒氣中，可是要戴上面具的話，那是非常影響打仗的。

另一個解決這戰壕的方法，就是利用這種想像中的坦克。從某種程度上說，坦克就是為這樣的戰爭而專門設計想像出來的。坦克具有攻防合一的特性，可以在相對安全地穿過死亡區，破壞敵人的設施。

邱吉爾立即組織了一個委員會專門進行試驗。他們根據斯溫頓上校的建議將一種拖拉機改裝成戰車，在英國的水櫃工廠裡進行生產。

為了保密，研製人員將其稱為水箱，水箱的英文讀音即坦克。這個因為應付僵持局面而產生的別出心裁的空想，竟然變成了現實。

　　坦克問世之後，人們對它的作用還不了解，更不會想到它會成為未來戰場上的新秀。當時人們把坦克投入戰場，只是用於攻堅，沒有完全發揮其防護、機動和火力三結合的威力。但即使這樣，坦克的威力也是有目共睹的。1916 年 9 月 15 日，坦克第一次出現在索姆河戰役，就初戰告捷。

　　索姆河戰役是第一次世界大戰英軍和德軍在法國境內實施的重大戰役行動。在這次戰役行動的時候，英軍第一次將坦克送上了戰場。

　　在沒有槍炮響聲的情況下，英軍 300 多輛坦克在康布雷附近的前線上伸展開近 10 公里，並分派 5 個步兵團突襲被德國人稱為「重圍之地」的海登勃格防線。

　　到了中午，坦克軍就已經突破了防範森嚴的敵軍戰壕，並且深入敵陣約 6 公里。

　　他們粉碎了把持此處的兩部分敵軍，抓獲 4,000 名戰俘，繳獲 100 多支槍，而英軍只有 400 人傷亡。

　　這次大獲全勝，與其他進攻相比節省了許多兵力，在更短的時間中取得更多的土地，這樣也使西線的戰勢得到了穩定。

　　儘管英軍沒有利用首次突襲的成功，也沒有採用這一新趨勢的優點，但是康布雷戰役代表著坦克戰術在戰爭中的首次成功應用。

　　沒有槍炮襲擊而只是坦克團的突襲表明了戰場上又恢復了活力，死亡區可以被跨越，敵人也被摧毀。康布雷戰役的最快效應

熱情接受新的任命

和不朽的價值在於它證明了坦克的價值。

這個戰果在沒有坦克作戰時候的戰役和戰鬥中，英軍要付出10多倍的傷亡，才能取得這個戰果。

首戰告捷以後，坦克名聲大震，各國紛紛仿效。

首先是德國軍械局立即組織專人，對這種新式武器進行研究，樣品很快就出來了。

法國依靠英國的幫助，也很快製造出了諸如聖‧瑟蒙德型和施奈德型的各式坦克。

美國陸軍對這項新式武器的賞識是遲鈍的。直至1917年秋，美國陸軍好不容易才決定採用這種新式武器時，英國和法國已經有了幾千輛坦克了。

這時美國只有兩輛稱得上是自己的坦克，這是華盛頓的軍械署依照法國的設計圖樣定製的。它的外型粗陋而笨拙，結構簡單而幼稚，而且其中一輛竟採用蒸汽機來發動。

對於這樣一種新式武器，巴頓對潘興將軍提出的問題沒有立即作出回答，他希望回去考慮一下。說是考慮，其實巴頓當時是非常為難。

因為巴頓不願當步兵，他覺得步兵不過癮，他認為如果自己進了步兵團的話，也許就是千百大軍中的一員，也可能是一場大戰後的殘留者，然後在潮濕的坑溝裡像老鼠般地度過餘生。

巴頓最想去當的是騎兵。他家裡養了一群馬，有馬廄，他善於打馬球，他的馬術非常好。

因為巴頓西部牛仔的風格很濃，他用他的馬鞭一捅他那個帽子，就這麼一個動作，就叫巴頓演繹成後來美國的軍禮。非常隨

意，但表示了美國人的那種個性，成為美軍標準軍禮。

巴頓特別喜歡到騎兵部隊，可是潘興恰恰就沒有讓他到騎兵部隊，他知道潘興是說一不二的那種人，說過的話是不能更改的。步兵不願意當，那麼坦克可是當時美軍就那麼兩輛，組建什麼坦克部隊？

巴頓見過坦克，而且也非常感興趣，雖說沒有真正接觸過，但是出於對戰爭和兵器發展史的深刻理解，巴頓初步認識到，坦克部隊是一個具有巨大發展前途和作用的新兵種。

甚至巴頓還對坦克進行過一番考察，而且還寫了一份很長的報告來對坦克進行解釋，希望引起軍方的注意。因為當時除了巴頓以外，美國軍界沒有幾個人了解關於坦克的知識。

同時巴頓還對自己的情況進行了分析，他認為自己是最合適的坦克軍官人選。

另外，巴頓還能講一口流利的法語，與法國人相處得十分融洽，可以與法國人商討坦克使用條例，他認為自己是乘汽車進行進攻作戰的唯一的美國軍官等。

總之，巴頓認為自己能完全適應這一新兵種，一定會在實戰中取得出色的成績，雖然巴頓這樣想，但是他並沒有充分做好組建坦克部隊的心理準備。

不過當時巴頓的思想還有些矛盾，由於當時坦克是新式武器，存在很大的爭議。

巴頓想如果自己組建失敗，證明坦克是無用的東西，那麼不管戰爭給自己提供多少良機，也會影響自己發展的。他拿不定主意，步兵不願意當，坦克又是這麼一個情況。

熱情接受新的任命

在左右為難的情況下，巴頓想起了一個人，這個人就是他的岳父艾爾。

艾爾是美國的社會名流，馬薩諸塞州一個著名的紡織巨頭，巴頓非常信賴他的岳父。所以他把自己的想法寫信告訴了岳父。

艾爾的回信非常及時，他回信有這麼幾段話，他說：「我是一個愛好和平的人，對於戰爭一無所知，這裡我對你的建議是，應該選擇那些你認為對敵人打擊最沉重，對自己傷亡最小的武器。」

看完了岳父的信之後，巴頓就決定進入坦克部隊了。他相信坦克會給巴頓帶來難得的機遇，並可以改變自己的命運。

巴頓有時甚至認為自己會成為兩三個最高指揮中的一個，因為巴頓自信有勝任的資本，那就是豐富的想像力、勇氣和關於機械方面的知識。

這時的巴頓開始堅信，坦克軍會比空軍更重要，而且地面作戰的士兵會受益不少。

同時，在坦克軍裡，一個人除了在空閒時間裡安全、舒適地度過，其餘便都是在攻擊中。

在坦克軍中出色的人永遠不會被埋沒，而在步兵團中，兩次英勇也會被認為是無功可言。

從危險程度上來看，坦克軍要比步兵團安全。因為即使在危險的情況下，坦克也可以以靜制動，不像步兵在戰壕裡遭受損傷。

巴頓立即就找潘興，他說：「長官，我決定去組建坦克部隊，我懷著一種特別的熱情接受您的任命。因為我相信我能用輕型坦克給敵人最大的殺傷，而減少自己的傷亡。」

創立美國第一個坦克旅

1917 年 11 月 9 號，巴頓接受了正式命令，任務是在馬恩河上游的朗格勒附近建立一所坦克訓練中心，並以此為基礎組建一個坦克營。

巴頓想，如果自己順利的話，還可能指揮坦克團或坦克旅，並獲得晉升高職的機會。當天，巴頓徹夜難眠，思緒萬千。一方面，他感到責任重大，生怕有負眾望。

另一方面，巴頓知道，自己的命運從此要與坦克聯繫在一起了，但坦克的效能確實尚未得到驗證，所以他的前程也充滿風險和許多未定的因素。

如果成功了，坦克將會使他走上通向高級職務的道路。萬一遭到失敗，他將會被歷史所遺忘，甚至身敗名裂。但巴頓努力使自己堅信：如果在戰爭中正確使用的話，坦克一定會具有地獄般的魔力。當時巴頓一遍又一遍地警告自己：只許成功，不許失敗。巴頓必須從零開始，白手起家。在英國和法國已經能夠集中大量坦克參加作戰時，美國卻只有兩輛樣品。

巴頓不知道將來會把這一堆鐵傢伙用到什麼地方，但是他很小心，不向上司詢問一些可能讓人懷疑他的工作熱情的問題。

巴頓力求拋開那些不如意的初步印象，全力以赴地投入工作。一旦下定決心，他的熱情馬上高漲起來。他相信，在坦克部隊組建起來以後，他們能夠不斷地自我發展。

創立美國第一個坦克旅

在困難中發現的希望，更能夠激起人們戰勝困難的幹勁。巴頓迎著重重困難，為各種具體事宜操勞，他決定首先讓自己合格。

為了真正提高自己坦克方面的知識，巴頓曾經先後去了英國和法國的坦克學校學習，在此期間認認真真地研究了英法兩國已有的坦克實戰經驗。

在巴黎，巴頓受到了法國人的接待，法軍的格萊德將軍把巴頓派到了查姆利尤。

查姆利尤是一所新設置的法國坦克兵軍官培訓學校，巴頓在那裡看到了一些坦克，很不錯。他們還給了巴頓一間漂亮的房間和一名勤務兵。

在那裡的第一週，巴頓駕駛坦克，在坦克上射擊，研究戰術策略，參觀維修店，逛坦克公園，並且進行了長時間的討論去獲知在襲擊中怎樣最出色地操縱坦克。

很快，巴頓就能駕駛著坦克穿越壕溝了，他感覺坦克操作起來很簡單，尤其是對於會開車的人，而且也十分舒適。

在給自己妻子的信中，巴頓寫道：若量到小塔車頂，它就比一個人稍高一些，就像旅遊車那麼長，司機坐在前部，發射子彈的人站在小塔車上。

坦克的聲響很大。它跑得像人那樣快。它可以像照明燈那樣轉動，也可以直立或倒立。

同時，巴頓發現了當時坦克的唯一缺點，就是從坦克裡面向外看很困難，司機只能從三個裂縫看出去，在小塔車上的人的視線也好不了多少。

不過巴頓卻覺得撞擊小樹然後看著它們倒下的感覺很有趣，他也喜歡在坦克動或不動時站在小塔車上開槍。

巴頓對在法國學習坦克的情況非常滿意。晚上，他就檢查這機器的工作情況，並且問了許多問題，使得他的教官只好派專業的技術人員給他回答和講解。

有時，巴頓還能接觸到法國坦克兵總司令，他們曾經一起吃飯，在席間一起談論坦克兵。總之在英法兩個國家的學習，讓巴頓的坦克知識增加很快。

不過，巴頓覺得還不夠，又買來了一大堆書，凡是他感覺與坦克有點關係的，他都蒐集到了。

巴頓仔仔細細地閱讀了西歐近代戰爭史，試圖從中找出坦克在武器技術發展史上的正確位置。

這段時間，巴頓的的確確是個大忙人，他也願意顯出一副忙得不可開交的樣子，這多少有些誇張，但他自我感覺很好。

這些學習與實踐是非常有益的，巴頓的努力使他看到了新的坦克部隊的發展之路。

巴頓認為集中使用的坦克群最有突擊力，對坦克集群得當的指揮能夠快速推進，一個防禦點上的突破會很快發展成為一個防禦正面的突破，而且坦克部隊可以用最小的傷亡獲得最大的勝利。

但要想有強大的突擊力就必須拋棄那些設計笨重、速度遲緩、火力不強的坦克類型。

巴頓評價法國的坦克時尖刻地說：「英勇的法國士兵在他們自己造的坦克里備受煎熬，而打死的德國人卻寥寥無幾。」從這

創立美國第一個坦克旅

裡也可以看出曾作為騎兵軍官的巴頓深受騎兵戰術的影響。經過一番努力，1917 年 12 月 15 日，巴頓和其他幾名工作人員起程前往朗格勒，開始了訓練基地的籌建工作。在坦克和受訓人員到達之前，巴頓又走訪了英國博文頓坦克學校和法國夏普勤坦克學校。不久，第一批參訓人員來到訓練基地，巴頓首先對他們進行作風紀律訓練。

巴頓認為，一支無堅不摧的鋼鐵部隊，必須具有鐵的紀律。在訓練中，他異常看重官兵的紀律觀念，注重培養他們的軍容風紀和禮節禮貌。

巴頓要求自己的部屬著裝整潔、軍姿優美、嚴守紀律、不折不扣地執行命令，要有一往無前的突擊進攻精神。巴頓當時對自己的部下表示：「我將表現出比現在更為嚴厲的面孔，這將是我真正的面孔。」巴頓對訓練一絲不苟，要求嚴格，紀律嚴明。他在遠征軍隊伍中以「最殘酷的軍紀森嚴的教官」而名揚四方。一天巴頓去視察廚房，看到廚師沒有穿軍靴，宣布罰 20 美元。「我是廚子」，廚師嬉笑著說。「以後凡是軍容不整的都要罰款！」巴頓嚴肅地當眾宣布道，廚師的笑容消失了。一天巴頓去視察醫院，看到大夫沒有戴鋼盔，問道：「大夫，您的頭盔呢？」

「我從來不戴頭盔，將軍！戴了沒辦法戴聽診器！」

「那就打兩個洞！」巴頓固執地說。「聽說你們這裡有兩個士兵是透過自傷進來的？」

「是的，將軍，其中一個在發燒。」

「把他們趕出去！他死了我也不管，我們這裡不能收容膽小鬼！」

巴頓就是這樣，嚴厲得近乎無情，近乎殘酷。但是經他教育、訓練出來的戰士一個個技術都非常好、能打仗，而且人人軍容整潔，動作矯健。

鑑於美國兵工廠不能提供急需的坦克，潘興就向法國軍方求助。法國人很希望美國坦克部隊能盡快投入戰鬥，於是很快就送來了坦克。

1918 年 3 月下旬，法國捐助的 22 輛坦克終於運到。

這天晚上 22 時，勞累了一天的巴頓剛剛躺下，傳令兵喬·安吉洛軍士急匆匆地闖進臥室。

安吉洛報告說：「少校，法軍支援的坦克剛剛運到，需要您到鐵路支線那裡去。」

因為所有人員中，只有一個人會駕駛坦克，那就是巴頓，他當時是美國軍隊中唯一值得自豪的坦克手。所以，卸坦克的任務就全交給巴頓了。

天亮之前，巴頓把這些龐然大物一輛一輛地開到了駐地庫房，興奮和勞累把他弄得疲憊不堪。

巴頓開始以全部熱情和全副精力投入訓練工作。

首先，巴頓制訂了詳細的訓練計畫，親自授課，向學員講解坦克的構造、性能以及駕駛、修理技術，並籌備了第一次步兵和坦克兵聯合作戰的軍事戰術演習。

別人不會，巴頓只有手把手地教。剛剛問世的坦克，裡面黑洞洞的，漆黑一團，巨大的噪聲，根本聽不清說話，可坦克需要聯絡，於是巴頓就想出一個特別的辦法。

什麼辦法呢？就是後面的人拿腳踹前面人的後背，就是前

創立美國第一個坦克旅

進，摸前面人的頭頂，就是停止。這是最簡單的最原始的坦克的通信方式，用肢體語言來進行表示。

很快，巴頓就開始用自己訓練的部隊進行軍事演習了。巴頓看到，這些坦克的工作性能很好，他對此挺滿意。

有了坦克，現在所要進行的就是真正的實踐訓練了，如果使所有的槍支、步兵和坦克同時齊集在一起，那可是件複雜的事情，因此巴頓要寫下一些命令來看看他們會表現得多麼出色。

這些坦克像巴頓預料的那樣，在 10 秒鐘內就越過了第一個壕溝，當然沒有槍向它射擊。

巴頓的戰馬還以為坦克是一種新的能跑的動物，它一點兒也不怕這些坦克，而且它經過時就要發出輕視的嘶叫，好像是在嘲笑坦克慢吞吞的速度。

就這樣，巴頓在不到半年的時間裡，成功地組建了一個初具規模的坦克旅，下轄兩個營、三個連，還設有一個直屬旅部的修理救護連。

巴頓任旅長，共有 50 名軍官、900 名士兵和 25 輛坦克，巴頓成了美國裝甲部隊的創始人。

出身騎兵的巴頓喜歡以騎兵的眼光看待坦克兵，他十分注重坦克部隊的機動性，所以，巴頓相對喜歡法國的輕型坦克，因為這種坦克裝甲輕，機動性強，行程遠。

巴頓的坦克旅，被公認為美國遠征軍中最厲害的部隊。而巴頓則以遠征軍中「最殘酷的軍紀森嚴的教官」而聲名遠播，他對下級極為嚴格，但他賞罰分明、辦事公道。

巴頓認為，紀律和軍容，是一名真正的軍人的重要素養，也是一支部隊凝聚力、戰鬥力之所在。

　　所以，在這方面，巴頓爭取處處為官兵作出表率，當一個優秀軍人的典範，他始終保持軍容整肅、儀表非凡。在後來的第二次世界大戰中，巴頓幾乎成了軍容軍紀的代名詞，只要人們提起他，第一個想到的就是軍人的標準。巴頓甚至把極為簡單的舉手禮發展成一種高度優美的藝術，在整個遠征軍中，這種漂亮的敬禮姿勢被稱為「喬治·巴頓」。巴頓致力於把自己的坦克部隊訓練成一支鋼鐵隊伍，具有一往無前的進攻精神。雖然戰爭是令人詛咒的魔鬼，巴頓卻生性喜愛打仗，渴望戰鬥。可以說，巴頓天生就是與魔鬼做伴的人。巴頓日夜盼望率領他的鐵騎馳騁沙場、衝鋒陷陣。他說：「我希望戰爭打下去，直到我們能一試身手。」

坦克兵箭在弦上

整個 1918 年上半年，巴頓一直提心吊膽，生怕失去參戰的機會。

3 月至 5 月，德國軍事統帥魯登道夫連續在西線發動五次大規模的攻勢，並迅速在盟軍陣地上形成幾個突出部。

但是，德軍現在已經是外強中乾、強弩之末。他們已經沒有進一步發動大規模進攻的能力，可以說盟軍的勝利指日可待。

巴頓對這種局勢深為擔憂。一年前的今天，巴頓帶著殺死德國人的渴望來到巴黎。現在巴頓依然懷著這種渴望，可到目前為止，德國人卻不見減少。

有幾次巴頓為去年沒有加入步兵而選擇坦克部隊而遺憾，當時如果參加步兵，那已經在戰爭中打了 5 個月了。

當然，巴頓在坦克部隊也做了不少工作，但他相當擔心在戰爭結束時自己還一事無成，那會毀了他的軍事生涯，或至少是一個很大的障礙。

如果戰爭能持續下去，那巴頓的才華足以施展出來，但是未知的一切讓巴頓懼怕。

有幾次夜裡巴頓突然驚醒，嚇出一身冷汗，因為他夢見和平降臨了。他在日記中寫道：

> 果真如此的話，那就等於毀了我的軍旅生涯。我克服了巨大的困難，夜以繼日地拚命工作，就是盼望在戰場上大顯身手。

否則，一切心血不都是徒勞嗎？

然而生活就這樣平淡地過著，有時巴頓會忍不住生活的平庸，來到最危險的前線。巴頓看到幾乎所有的道路都經過了軍事偽裝，麻袋布掛了有 3 公尺多高以遮住框架，這樣，敵人分辨不出橫在路上的是什麼東西，也就不會開槍射擊。

許多地方都有挺大的砲彈坑，最後巴頓們只好下了車，戴著鐵皮帽和防毒面具，拄著拐棍，穿過一片麥地走向前線。

太陽閃耀著光輝，四周寧靜而不見一人，可卻有像彎曲的水溝一樣的長蛇即通信溝。巴頓他們很快就踏過了地上的一些綠色的麻袋布，那下面是砲兵隊，只給人留了幾個小孔。他們都在睡覺。

最後巴頓去了離前線近 1,000 公尺遠的支援區。那裡也有許多砲彈坑，整個軍隊也在偽裝下，看起來就像一些死樹。有幾組士兵像野餐的人一樣拄著拐棍在那裡來回走動，同時聽到幾聲槍響。巴頓去了小山上的一個農場，那裡已經被炸得七零八落。巴頓站在一角上看到近 400 公尺以外有一排樹，副官說：「那是些偽裝。」那就是德國人的防線，可巴頓什麼也看不到，連溝渠也沒有。但是副官說，德國人可以很清楚地看到他們，所以他們就在灌木樹的影子中繼續走。

這時兩枚德國砲彈發射過來，在不到 100 公尺遠的地方爆炸了。巴頓到那個彈坑旁撿了一塊碎片，還是熱的呢！

巴頓並未被嚇著，而是相反，感到了一種特別的興奮。

巴頓們走到房子的後面，由於有太多的彈坑，這裡很難走

坦克兵箭在弦上

動。他們來到通信溝，巴頓極希望到溝裡去看看，副官則說在頂上走會更好。巴頓接受了這個建議。

就這樣，巴頓他們登上了坡頂。從那裡看，他們的壕溝就像為鋪設管道而挖開的排水溝，前面有些鐵絲網，還有那約 200 公尺以外的偽裝用的一排樹。

副官又說他們最好一直走動，否則就會遭到射擊，所以巴頓一直不停地走下了山坡，而後繞到了壕溝後面的一片小樹林裡。

可是在這裡，除了 200 公尺以外的一排樹外就看不到什麼了。樹林後面有一座新墓碑，上面有個漂亮的木製十字架，這個人是今早被巡邏兵打死的。

副官停下來讓巴頓看那壯觀的戰場，可巴頓卻情不自禁地注意到自己是十分可能的目標，而且那射程是絕對致命的。巴頓不喜歡背對敵人，因為萬一他們開槍，自己根本沒有任何機會躲避。

巴頓他們來到了平地上，巴頓想這是世界上最大的一片地了，至少看起來的確是這樣的。

正好在田野的正中間，副官停下來整整綁腿，巴頓也摘下頭盔，點著了一支煙。

然後巴頓他們翻過了山脊。看來巴頓和自己的副官在光天化日之下漫遊還真好笑，沒有射擊，只有活生生的東西。人們並不會害怕，卻對在地獄裡看不到射擊而感到好奇。

最後當巴頓他們離開前線時，巴頓瞧了瞧這個軍隊。那情景逗死人了，所有的一切都被偽裝起來。

巴頓企盼的時機終於來到了。

8月20日，巴頓正在參謀學院聽課，突然有人通知他立即向坦克兵司令報到。到了司令部後，巴頓才知道，9月初美軍將首次獨立地組織實施大規模進攻戰役，坦克兵也將參戰。協約國盟軍最高統帥費迪南‧福煦將軍計畫對德軍發動一次大規模的進攻戰。

這次大攻勢的前奏是掃除聖米耶爾城防守部隊的德國人。

自1914年以來，德軍就在凡爾登以南的默茲河和摩澤爾河之間守住一個楔形的突出部，以保護梅斯和布里埃鐵礦的關鍵性中心。該礦是德國煉鋼所需礦石的豐富源泉。

這個突出部插入法國的右側翼達16公里，既切斷了凡爾登到土爾的鐵路，又切斷了巴黎到南錫的鐵路。要在默茲河和阿貢森林之間的防區進行任何成功的大規模進攻，消除這個突出部是必不可少的，這個防區已被選作為下一個目標。

肅清聖米耶爾突出部的德軍，已成為美軍在其自己指揮下的第一個行動了。

從突出部的頂端聖米耶爾起，它的西邊成斜線地延伸到默茲河東的樹木茂密的高地，它的南邊從聖米耶爾延伸到摩澤爾河橫切河兩岸的高地。在高地之間是沃夫勒平原，它被小溪、沼澤、大的池塘和一片片的林地所切割，不易通行，尤其是在雨天。

潘興的最後計畫要求同時向兩邊推進，突擊的重點放在南邊。牽制性的進攻將指向突出部的頂端。為了大規模進攻，集結了超過55萬的美軍和11萬法軍的兵力。在參加這次進攻的3個

坦克兵箭在弦上

美國軍和九個附加的師中，兩個軍和 9 個師都無戰鬥經驗。

空軍集結了 1,500 架飛機，大都是由法國人和英國人提供的，這是為一次攻勢所曾集結的最大數量。在突出部的兩邊，集中了約 400 輛法國坦克。300 門以上大砲和 330 萬發砲彈，保證進攻者將使用高爆炸藥把敵人陣地徹底炸遍。

當時司令部賦予巴頓的任務是：指揮第五軍的坦克，包括自己的 6 個坦克連和一個法國坦克連共計 144 輛坦克，支援從南面發起進攻的主力部隊。

於是巴頓突然忙碌起來了。接到作戰命令的第一天，他就在司令部裡忙於為這項計畫蒐集補充的詳細材料。

等巴頓冷靜下來時，突然想到了一個可怕的事情。

巴頓立即去找自己的上司坦克部隊司令說：「天哪！將軍！我忙乎這些有什麼用？我自己連一輛坦克都沒有，我這樣怎麼能指揮第五軍和其他部隊的坦克呢？」上司沒有理會他，只是生硬地對他說：「不要多問，到時候會有的。」巴頓還是不放心，又去別處打聽。直到別人告訴他坦克已在途中時，他才冷靜了下來。

同時，巴頓又聽到了別的傳言，說他的部隊要經過的道路可能全是沼澤，坦克要過去非常困難。於是他又憂心忡忡起來，他決定親自去察看地形。

巴頓跑到法國軍團司令部去，徵得了有關人員的同意，然後同一個法國兵一起去察看了地形，他看到那裡沒什麼沼澤，幾乎沒有什麼障礙能擋住坦克，他終於放心了。

等巴頓回到營地時，坦克也運到了。一切準備就緒，只等司令部的命令了，巴頓終於睡了一個安穩覺。

英勇戰鬥大受讚賞

發起進攻的時間一推再推，最後才決定在 12 日凌晨 1 時開始。在參加戰鬥前，巴頓已經做好了犧牲的準備。

9 月 12 日凌晨，900 門大砲一齊開火，一直延續了 4 個小時。凌晨 5 時，地面進攻開始，50 萬美軍和 15 萬法軍像巨浪一般湧向德軍陣地。當時巴頓處於極度興奮的狀態之中，他把坦克分成三路開進，自己靠近右路指揮康普頓營。

在真正的實戰中，坦克部隊的指揮員究竟應該在什麼位置呢？是待在指揮所裡，還是應隨坦克跟進？

巴頓根據自己的想法，認為指揮員親臨第一線可以激勵官兵的士氣和鬥志，並能隨時依據變化的情況組織戰鬥。巴頓一行冒著炮火往前疾進。穿過進軍路上的第一座城鎮聖比桑，向埃塞前進。

巴頓處於極度興奮之中。時而駕著坦克領隊，時而跳到地面上大聲叫嚷著指揮車輛前進。看到有人不聽他的招呼，便一陣又一陣地大發脾氣。在陣地上，他出沒於坦克內外，步行比乘車多，跑的路比走的多。很快他就發現自己已到了開在最前面的一個坦克排那裡。

到了龐奈鎮前面，跟隨巴頓身邊的 5 輛坦克有 4 輛已經耗盡了燃料，不能動彈。

坦克遭到敵人密集的彈雨的襲擊，巴頓跳下坦克，隱蔽前

進。他很快發現自己陷入了孤身一人的危險境地，最終不得不轉身往回跑。

後來巴頓遇上了補充油料後趕來的原先 4 輛坦克，於是把 5 輛坦克重新組織起來，自己跳上領頭的坦克，他們一面猛烈開火，隆隆地進占了貝內鎮，繳獲了 4 門火炮，16 挺機槍。

這時，巴頓開始關心從左路進攻的布雷特坦克營的戰鬥情況，他步行穿過大段無人地帶，發現該營的 25 輛坦克已經占領了弄沙爾。不過燃料全部用完，不能繼續開進了。

巴頓在路旁攔住了一輛戰地觀光軍官的車子，從賽謝普雷油庫搞到了兩個坦克營所需的汽油。然後他興沖沖地到軍司令部匯報了一天的戰鬥情況。精力過人、神采飛揚的巴頓正為自己第一天冒險行為高興時，他的上司羅肯巴克給了他一悶棍。

巴頓的上司已經聽說巴頓有到處亂跑的習性，他時常離開自己的部隊單獨行動，並且隻身進入德軍防線。對此十分生氣。

羅肯巴克訓斥巴頓說：「你的任務不是一個人孤軍作戰，你愚蠢地闖進敵軍防線的行為不能原諒！我不懂，你究竟想幹什麼？看來你的指揮職務非解除不可了！」

這下可擊中了巴頓的要害！他最怕不讓他帶兵打仗，他明白自己所幹的事確實有太多的個人英雄主義色彩，於是立即虛心表示歉意。

不過上司對巴頓取得的戰果還是很滿意，只是不希望他冒險惹事，聽了他的解釋，心中的怒氣漸漸平息下來，此事便不再多講了。

英勇戰鬥大受讚賞

第二天，聖米耶爾戰役實際上已經結束。美軍俘虜敵軍 1.5 萬人，火炮 450 門。

一隊又一隊的德軍戰俘從巴頓身邊經過走向戰俘營，德軍的防線收縮到興登堡，中間留下了一段寬闊的無人地帶。

巴頓把率領的坦克以扇形陣式開進到開闊地帶，在離德軍興登堡防線八公里的地方停了下來。然後，巴頓命令西奧多・麥克盧爾少尉的三輛坦克向敵軍陣地直衝過去。

大約過了一個半小時，聽到一陣隆隆的炮聲。麥克盧爾搗毀了敵軍一個砲兵連陣地，而後得意揚揚地返回。然而，美軍司令部並沒有打算正面攻擊興登堡防線。巴頓擅作主張的行動讓他的上司大為惱火，他立即命令巴頓停止戰鬥，前來受訓。

上司把他臭罵了一頓，不過，羅肯巴克將軍深知巴頓在坦克部隊中的威望與作用，深知像巴頓這種英勇頑強的軍人品格是十分罕見、十分可貴的，便又原諒了他。

不過出人意料的是，美軍遠征軍總司令潘興將軍對坦克兵在此次戰役中的英勇戰鬥精神，進行了大加讚賞。

無論如何也要前進

為了進一步擴大戰果，潘興專門制訂了一個新的大規模作戰計畫。

按照新的計畫，潘興將突擊方向轉向了凡爾登西部地區，準備組織一次全新的戰役。

為此美國集結了 3 個軍的兵力，同時有 3 個師作為預備隊，在墨茲河與阿爾貢森林西部邊緣之間的寬約 30 多公里的地帶，全面鋪開。

巴頓的坦克旅屬於第一軍，總共有坦克 135 輛，任務是透過夏龐特裡方向的謝匹與維朗內，沿著阿爾貢東邊，在布昂泰和埃爾兩邊開進，支援步兵進攻。

美軍透過鐵路把坦克運到了預定攻擊出發地域，巴頓組織官兵乘著夜色把它們卸下火車，然後率領人馬開到一片小樹林裡隱蔽起來，等待著進攻的命令。

德軍在墨茲到阿爾貢一線，構築了一個嚴密堅固的防禦體系，在縱深 12 公里的陣地內，修建了 4 道防線，其中有無數相互支撐的機槍火力點，並敷設了密密的鹿砦鐵絲網。

9 月 26 日晨 5 時 30 分，巴頓他們的坦克部隊開始了參戰以來的第二次戰鬥。那天霧很大，德軍又不斷地扔煙幕彈，巴頓們連 3 公尺遠的地方都看不見。

75 毫米大砲轟擊一小時之後，巴頓往前挪了挪，想看看前面

無論如何也要前進

到底怎麼樣了，但什麼也看不見，四面八方全是機關槍在掃射，誰也辨不出是哪一方的。

巴頓帶了 6 個通信員和一個羅盤表，並把路上找到的迷路的士兵都帶上了，有時竟有幾百人。大約 9 時 30 分，巴頓他們到了一個叫柴彼的小鎮。巴頓部隊越過步兵，要占領這塊地方的時候，受到四面八方的槍擊。巴頓他們用機關槍掃射，又用大砲轟，可還是什麼也看不見。很快，一些美國步兵開始跑著往回撤。因為巴頓的人都沒有步槍，所以他也只得跟著步兵往回跑，在他們停下來之前，巴頓在一個山頂後面躲了起來。巴頓他們到山頂後面的時候，天已經放晴了，德軍的槍聲不斷，逼著巴頓他們用大砲和機關槍回擊。這時步兵又一次逃跑了，巴頓們在後面喊他們、罵他們，他們才停下。但是這些美國兵嚇壞了，表現得非常糟糕，有的人戴上防毒面罩，有的人用手捂著臉，但沒有一個敢進攻的。

除了巴頓以外，沒有第二個軍官，所以他決心履行職責。巴頓的一些後備坦克被困在壕溝裡，他返回去讓藏在壕溝裡的美國人挖出一條通道。

敵人不斷地開火，情況非常危險，巴頓急瘋了，走在最前面指揮，終於有五輛坦克出來了。巴頓喊著、罵著，揮舞著手杖，領著他們前進。

大約有 150 個步兵也跟著前進了，但當巴頓部隊到達山頂時，德軍的地面火力實在太瘋狂，巴頓他們都趴在了地上。這時巴頓明白，他們要麼必須往前衝，要麼撤退。當時巴頓部隊正處

於前方頻遭炮轟、兩側遭槍擊的形勢下，但巴頓不斷地對自己說巴頓不會被擊中。

這樣感覺好些，雖然周圍的士兵一個個倒下了，有的被炸得屍首橫飛。可巴頓不能撤退，於是他喊著問有誰願意跟他一起沖，結果只有 6 個人往前衝，其中有巴頓的傳令兵，巴頓和另外 4 個士兵。巴頓希望其餘的人能跟著，但他們沒有行動。沖出來的人很快一個接一個地倒了下去，他們就剩下 3 個人了。巴頓能看見機關槍就在前面，所以他大喊著，鼓足勇氣，繼續往前衝。又一個倒下了，傳令兵對巴頓說：

「就剩下我們孤單單的兩個人了。」

巴頓回答說：「無論如何也要前進。」

就在巴頓他們準備繼續前進的時候，一顆子彈穿透了巴頓的左大腿，巴頓重重地摔倒在地。子彈是在大約 50 公尺遠的地方射進來的，所以子彈出來的地方留下了一個銀幣大小的洞。鮮血順著褲腿汩汩地流了下來，巴頓最初甚至沒有什麼感覺，可是疼痛很快襲來，他感到腿被打中了。巴頓靜靜地躺倒在地上，就那麼短暫的一會，他想了很多，他甚至想就此倒在地上不起來了。但是，巴頓不能對不起家族榮譽，而且他從來沒想過自己會被擊中，他一定要站起來。所以巴頓真的又站起來，走了大約 10 公尺的距離，他的腿實在不行了，又重重摔倒在地，這時只剩下巴頓的傳令兵。「天哪！上校被打中了，一個人都沒了。」傳令兵邊喊著邊把巴頓拖到一個彈坑裡。巴頓躺在那裡，子彈從巴頓頭上呼嘯而過，嘶嘶作響。

無論如何也要前進

　　傳令兵用刀割開他的褲子，給他包紮好傷口，並勉強止住了血，可是他已經無法再站立起來了。這時幾輛坦克開過來了，巴頓派安吉洛迅速跑過去向坦克手指出約 40 公尺距離上的敵人機槍點的位置。一個中士走過來，巴頓命令他趕回去向軍部報告他受傷的消息，並指定另外一名軍官接任指揮職務。又有幾輛坦克開上來了，巴頓躺在地上，給它們指示攻擊的方向和目標。大約一小時後，附近敵人的機槍點被摧毀，3 個士兵抬來了擔架，與傳令兵一起將巴頓抬上擔架，送到救護車隊。巴頓堅持先到師司令部，向司令部的軍官匯報前線戰況後，才被送往野戰醫院。剛到醫院，他就昏迷過去了。

　　第二天上午，巴頓醒過來了，發現身邊躺的全是他的坦克車手。巴頓的事跡很快就上了報紙，人們稱讚巴頓是坦克兵英雄，他受傷躺在彈坑裡仍繼續堅持指揮作戰。巴頓從 26 日晚至 29 日晚一直待在野戰醫院。之後，救護車把巴頓送到火車上。對於巴頓來說，坐火車的滋味還行，因為天一直在下雨，路上沒有什麼灰塵。途中，護士們還讓巴頓吃了點糖漿、麵包，喝了點兒咖啡。這在戰爭中可真是難得的安靜。

　　到了基地醫院，巴頓手下一個軍官說，他受傷的那次戰鬥，面對的是一個營的德軍，而巴頓他們只有 9 個人，真夠幸運的。

　　不久，巴頓的傷口基本癒合了，大夫說子彈從這個部位穿過去竟沒使巴頓致殘，真是個奇蹟。

　　因為醫生自己用探針都不可能不碰到臀關節、坐骨神經或是大動脈，子彈竟然沒碰到，很幸運。

雖然巴頓不能在戰場上繼續指揮作戰了，但他那種堅韌不拔的毅力、帶頭衝鋒的表率作用仍然激勵著坦克部隊的官兵們繼續進行戰鬥。

美軍坦克部隊用為數不多的坦克一直戰鬥至 10 月中旬，配合步兵摧毀了敵人堅固的抵抗據點，建立了穩固的防線，並粉碎敵人的多次反衝擊，最終取得了這次戰役的勝利。

鑑於巴頓的英勇戰鬥表現和取得的功績，羅肯巴克建議晉升巴頓為上校。

潘興更充分地認識了巴頓的勇敢、犧牲精神，他寫信給比阿特莉絲，說她有權利「比任何時候都更為他感到驕傲」。

在巴頓 33 周歲生日前不久，他被晉升為上校，屬於美軍中較年輕的上校軍官。

「你對我有何評價？」他寫信問妻子。「我自然十分高興，儘管說心裡話我不認為自己很值得獲得這個軍銜。」

巴頓在總醫院養傷期間，從前線不斷傳來勝利的消息，激勵著他的鬥志，急切盼望傷癒歸隊，重返戰場。

出院後，巴頓奉命返回布爾格任職，他立即發布「關於著裝舉止和紀律」的命令，要求軍官和士兵都要遵守紀律，著裝整潔，訓練刻苦。

很明顯，巴頓還想率部隊繼續作戰。

但不久，1918 年 11 月 11 日，經過 4 年多苦戰的第一次世界大戰以德國失敗投降而宣告結束。

對於巴頓來說，這雖然是一種不幸，但他又覺得戰爭在這一

天結束對他無疑是一個吉祥的兆頭，因為這一天恰好是他的 33 周歲生日。

第一次世界大戰這場殘酷的悲劇代價不小，協約國上戰場的 4,200 多萬男人中，至少有 700 萬人被殺戮，其中有 300 萬人殘廢。

在這次戰爭中，美國只是參與了其中極小的一部分，對於巴頓來說，聖米耶爾戰役是巴頓真正意義上的第一仗，儘管它既不重要也不激烈。速勝的聖米耶爾戰役雖令巴頓沮喪，但是也同樣令巴頓難忘。

將與坦克部隊再次會合

1919 年 2 月，巴頓率領自己的手下，乘火車前往馬賽，然後從那裡坐船回國。法國馬賽基地的司令官參觀了巴頓的這支部隊，他為自己所看到的震驚不已。巴頓的美國部隊，無論是軍容還是紀律，可以說都是世界一流的，完全可以成為其他軍隊的楷模。上船後，巴頓十分關心士兵的食宿條件，為此又忙碌一番。3 月中旬，船隊順利抵達紐約。此時對於巴頓來說，一場令人振奮的大戰已完全變成了歷史。巴頓在這次大戰中獲得了值得炫耀的榮譽，他被授予「優異服務十字勳章」。一向渴望得到榮譽的巴頓此時有些喜形於色了，他感到，自己沒有虛度年華。巴頓認為自己幸運地趕上了一場大規模戰爭，建立了功業，並為自己爭得了美國第一坦克手的美名，他躊躇滿志，頗為自得。到此為止，巴頓已有足夠的理由為自己在第一次世界大戰中所取得輝煌的成就而感到驕傲和自豪。以前的劍術大師一躍成為美國一流的坦克專家。巴頓創造性地建立了一個新的兵種，發明了一種新的戰法，並在實戰中檢驗了他的成果。

巴頓以自己的特有模式造就出一支無堅不摧、戰無不勝的坦克部隊，他們對美軍在兩次大規模進攻戰役中取得勝利做出了突出貢獻。

由於功績卓著，巴頓連續 3 次獲得晉升，直至升為上校。但最為重要的是，他的勇敢精神和領導才能在戰場上得到了充分的展示。

將與坦克部隊再次會合

回到美國後，思念親人的情緒像烈火一樣燃燒著巴頓，他覺得自己似乎已有一個世紀末同家人見面了。巴頓擺脫了記者的糾纏，拒絕了任何邀請，匆匆地趕回家與妻子見面。幾天後，巴頓又與家人團聚了。和平似乎正在降臨人間，世界又恢復到了1914年以前的狀況。現在，軍人又顯得笨拙可笑，手中的武器似乎也沒有用武之地。

在巴頓離開美國的兩年多時間裡，美國發生了巨大的變化。國家正在戰爭的催化之下成為工業化、機械化和城市化的國家，甲蟲般的汽車塞滿了公路，穿工裝褲的人更多了，女權運動大大興起。

由於參議院拒絕批准《凡爾賽和約》和拒絕加入國聯，美國又退回到傳統的孤立主義政策。美國人民的眼光盯著國內事務，在歐洲的美國遠征軍早已被迅速召回，巴頓就是在1919年5月17日回到美國的。對於戰爭向和平的轉變，巴頓似乎還不太適應。戰爭就是巴頓的生命，巴頓是那麼的熱愛戰爭，在戰爭中體會快意、樂趣、刺激和緊張，他認為自己就是戰爭中不可分割的一部分。

然而突然地，潘多拉的匣子關上了，巴頓覺得又回到了愚蠢的、地獄般的世界，生活失去了意義。

巴頓滿懷著遠離戰爭的悲傷，帶著對戎馬生涯的渴望，回到了平庸的生活狀態。

在第一次世界大戰結束之後的1920年，對巴頓來說是喜憂參半的一年，一方面，他在戰時的功績受到了無數的表彰，另一

方面，留給巴頓的就只有煩惱了。

《凡爾賽和約》簽訂之後，法國總理克里蒙梭宣稱：「我們已經把戰爭進行得十分徹底，十分徹底了。」

美國對保持一支何等規模軍隊為宜的問題展開了辯論，結果輕而易舉地達成了共識：保留一支人員少，規模小，但比較精幹的隊伍。

陸軍首當其衝大裁減，遭到全面清洗，幾乎所有軍官都被降職或解職。

陸軍參謀長馬奇將軍由上將降為少將，數千名正規軍軍官被宣布退役，儘管他們不斷抱怨政府忘恩負義，但絲毫無濟於事，同時海軍建設也大量削減。

回國後，巴頓的部隊被調到馬里蘭州的米德軍營。這個地方位於巴爾的摩和首都華盛頓之間，是第一次世界大戰後專門開設的坦克兵軍營。

當時除了巴頓的坦克兵外，在賓夕法尼亞州科爾特軍營，還有一支受訓的坦克兵，他們的指揮是艾森豪威爾中校。

現在，戰爭結束了，這支坦克兵與從法國返回的坦克兵合編，並轉至米德軍營。

1919 年 3 月，巴頓與艾森豪威爾在米德軍營的坦克中心初次相見，雖然兩人的經歷與學識各不相同，但他們志向相同，都立志為裝甲部隊奮鬥。儘管巴頓的年齡和軍銜都比艾森豪威爾高，但對裝甲部隊抱有的同樣熱情，把這兩名優秀的軍人緊緊聯繫在一起。巴頓和艾森豪威爾兩個人一起學習專業課程，常常共同做

將與坦克部隊再次會合

功課，討論軍事問題。討論最多的是如何把裝甲部隊發展為一個強大的兵種，而不受行動遲緩的步兵的牽制。

頗有實幹精神的巴頓不僅限於討論，而且積極動手改進坦克的通信和射擊的穩定性。巴頓一直在為他的坦克部隊奉獻著自己的智慧和金錢，甚至連他的親愛的夫人也加入了支持他的行列。雖然坦克的經費越來越少，油料也日益減少，但巴頓仍樂觀地工作著。巴頓還參加了一個技術委員會的工作，研究如何改進坦克的裝備，使其從原始的粗胚形態走向成熟。

一個叫沃爾特·克里斯蒂的發明家給巴頓的坦克帶來了一個可能發展的機會。為了實現自己的坦克是最先進而又最簡單的武器的設想，巴頓自己出錢資助克里斯蒂研製新坦克。後來，巴頓還在米德軍營專門為他安排了一次表演。這次表演對巴頓來說意義重大，他認為它幾乎可以決定坦克部隊是存留還是取消的命運，然而陸軍部的將軍老爺們卻不這樣認為。表演當天，巴頓夫人和陸軍部的 7 位將軍出席觀看表演。這次參加表演的坦克，不是由別的運輸工具運來的，而是靠自身的動力，長途跋涉了 400 多公里到達的。坦克的時速達到每小時近 50 公里，這個速度在當時來說就是一個奇蹟！

巴頓在試驗現場首先對坦克的性能做了簡明扼要的介紹，並說：「操縱十分簡便，連小孩子也能駕駛。」巴頓邀請那些將軍們坐上去，試試看，但無一人應聲。他又一次邀請，又一次沉默。於是，巴頓轉向他親愛的夫人，讓他的夫人表演一下。小巧玲瓏的巴頓夫人十分沉著而嫻熟地駕著車，雖然在行駛中掉了帽

子，合體的衣服上也濺上了泥漿，但她表現出的高貴的氣質和優雅的舉止，使觀看者無不深深折服。

即便如此，也難以改變陸軍部這些老朽們頭腦中那陳舊落後的觀念。軍械署最終還是拒絕了克里斯蒂的設計，理由竟然是難以操作。

失望漸漸向絕望轉化。當 1920 年 6 月來臨的時候，巴頓身心交瘁。事情往往就是這樣，你的命運常常不是被自己掌握著，而是在一些對你來說可能毫無惡意的人的談笑之間被決定。巴頓不得不又一次經歷了要與他所執著熱愛的坦克兵事業分手的痛苦體驗。

作為美國的第一坦克手、美國坦克部隊的創始人，想到自己嘔心瀝血、費盡周折而得來的坦克部隊在不久的將來就要分崩離析、各自為政，巴頓心中湧起的並不是悲哀，而是一種立誓重組坦克部隊的豪情壯志。

1920 年 6 月，美國國會透過了《國防法案》，規定陸軍編制僅為 28 萬人，分 9 個師。

最令巴頓傷心的是，坦克兵失去了存在的法律依據。該法案規定，坦克兵配屬步兵，不再作為獨立的兵種存在。

因為《國防法案》還規定，坦克兵以連為單位配屬步兵，每個步兵師配屬一個坦克連，由步兵軍官統一指揮。1920 年，全年的坦克經費只有 500 萬美元。

這一法案的公布，表明戰後以來巴頓為了他的坦克所做的一切努力都付諸東流。

將與坦克部隊再次會合

巴頓無可奈何。這年夏天，巴頓決心告別坦克，告別自己苦心經營的三〇四旅，重返騎兵部隊。

臨別之際，巴頓對他的部下發表了一篇滿懷惜別之情又慷慨激昂的演說。

巴頓說：自己愛三〇四旅及其所有的軍官和士兵們，並以他們為驕傲。無論三〇四旅走到哪兒，都會是紀律、勇氣和效率的典範。

同時，巴頓堅定地說：坦克部隊有我的心血和希望，我堅信它是不會衰亡的。

最後巴頓還認為，總有一天，他將與自己的坦克部隊再次會合，因為他已經把自己的生命和榮譽與這支部隊聯繫起來。

平靜生活中的內疚之情

1920 年夏天，巴頓揮淚告別了坦克部隊，加入了騎兵部隊。
對於巴頓來說，在和平時期，騎兵部隊還算有一定的吸引力。
然而，巴頓很快對這種生活也非常乏味了，他感覺基本上天天都
是一個樣。週而復始，一天又一天，一週又一週，一月又一月，
一年又一年，就這樣循環著，巴頓感覺到生命的漫長。現在的巴
頓，每天早上起床都比較懶惰，這在原來是不可想像的，原來他
只有星期六才可能會這樣。可是現在，幾乎天天都是這樣。巴頓
擔心揮之不去的惰性最終會毀了自己，更讓他可笑的是，原來自
己在戰場上指揮 1,000 個或更多的士兵，而回到美國後，卻要指
揮一個 74 人的騎兵團，而且每天上午都要巡邏。為盡量避免目
前這種可怕的寂寞感，巴頓打算寫書。因為在和平時期，只有筆
才能刻畫出戰爭的偉大。在此後的 20 年間，巴頓曾先後被調動
了 10 次，擔任不同的職務，負責不同的工作，其中有些職務和
工作對他來說是毫無興趣的。

巴頓把他過盛的精力投入到他所擔當的每一項工作中去，精
神飽滿地指揮操練，認認真真地伏案工作，帶著強烈的好奇心孜
孜不倦地學習各種知識。

然而這似乎還是無法排除內心的煩躁，因此巴頓把目光轉向
了體育活動，這項可以消磨不少時間和精力的事情上。

巴頓深深地迷上了馬球，而且程度還相當高。當時人們普遍
認為，馬球是最適合軍人的一種運動。

平靜生活中的內疚之情

從事這項運動不僅要求運動員具備強健的體魄、準確的判斷和專心的精神，而且還要求運動員能夠快速反應、當機立斷和協調配合。

1919 年至 1934 年，巴頓的軍銜一直是少校，但在馬球運動方面，他從三分球運動員躍升為七分球運動員，並且當上了令許多球手垂涎的陸軍馬球隊隊長。

巴頓率領陸軍馬球隊四處征戰，在馬球運動中，巴頓傾注了大量的精力。

此外，巴頓還喜歡參加馬展、賽馬和遊獵。他在全國各地的馬術比賽中，共獲得 400 枚獎牌和 20 個獎盃。

和平時期使巴頓有了更多的時間讀書。巴頓認為，一個不讀書的軍人，只能是一個沒有頭腦的莽漢。

巴頓嗜書如命，且富有錢財，這使他擁有一間頗具規模的書房，它可以與麥克阿瑟將軍在馬尼拉被日軍毀壞的存有 7,000 冊圖書的書房相媲美。

巴頓所在的騎兵團在邁爾堡，是一個平靜的地方，它是 1881 年為紀念阿爾伯特·邁爾將軍而命名的。

巴頓是邁爾堡騎兵第三團的一個中隊長，他的騎兵中隊的任務是為葬禮提供勤務，即把各地送到華盛頓來的在以往戰爭中陣亡的軍人屍體運送到阿林頓聖地埋葬。巴頓率領他的騎兵分遣隊在聯邦車站迎接覆蓋著國旗的棺材的炮車，然後以緩慢的步伐穿過市區，走向墓地。

日復一日的例行公事，使巴頓極為痛苦，1922 年的一天，當

他又一次執行這令人生厭的工作時，他突然別出心裁，命令騎兵快跑起來。

騎兵的速度對於穩重的炮車來說，似乎過快了一點。巴頓在後面拚命追趕，這是巴頓平靜而無味的生活中的一個小插曲，他也許正是要從這些小小的惡作劇中尋找到一點刺激。

然而生活也並非百分之百地味如嚼蠟，家庭的溫暖與親友的深情，也使巴頓頗為感動。經過了兩年多的分別，巴頓與比阿特莉絲又生活在一起了。他們的感情在小別之後又更近一層了。在這個世界上，能夠征服巴頓，使他公牛般狂躁的性情穩定下來的，只有這個相貌美麗端莊、舉止優雅大方的小婦人了。巴頓深深地愛護她，依戀她。就在巴頓剛離開美國到法國參戰後不久，他在給妻子的信中寫道：「巴黎沒有你就變成了一個十分乏味的地方，我至今還看不出我個人在這場戰爭中能夠做點什麼，但我想我運氣好，我會碰見一個人，我希望那就是你。」

比阿特莉絲也把自己的一縷柔情傾注在巴頓身上，她愛巴頓，她愛巴頓的榮譽，她愛巴頓勝過愛她自己。一次，巴頓他們到杜旁特廣場附近的朋友家去參加宴會。巴頓身著戎裝，佩戴著他用鮮血換來的勛章走進金碧輝煌的大廳，一個酒鬼以挑釁性的語言諷刺他是假英雄。

比阿特莉絲忍不住衝向那個酒鬼，把他從椅子上打翻在地，用拳頭猛擊他的臉，直到巴頓把她拉開，才算罷休。

比阿特莉絲她絕不容忍任何人玷汙丈夫的名聲和榮譽，即使犧牲她的一切也在所不惜。

平靜生活中的內疚之情

比阿特莉絲陪巴頓在邁爾堡過著豪華的生活，然而軍人的職業使巴頓不能長期待在父母妻兒身邊，他先後到科林菲爾德兵營和夏威夷軍區任職。

在四季氣候如一、景色宜人的夏威夷軍區，巴頓透過當地貴族子弟舉辦的馬球賽，認識了沃爾特·迪林海姆。

迪林海姆英俊瀟灑，具有巴頓所欣賞的那種紳士外表與騎士精神，兩人又都是打馬球的高手，因此很快由於彼此之間的相互吸引而交上了朋友。

不久，巴頓與這個小島上的最富有、最顯赫的家族交上了朋友，並與他們打得火熱。巴頓根本不會想到，這與他的未來有多麼大的關係。

巴頓在夏威夷期間，其父母和最疼愛他的安妮姨媽相繼離開人世。這 3 個人都是一直最關心、最疼愛巴頓的人。

巴頓為此痛苦萬分，常常淚水掛滿臉頰。

一天早晨，巴頓穿著軍裝，獨自去了父親的墓地。除了那塊紅玫瑰色的柩衣還靜靜地覆蓋在他長眠的地方，墓地周圍堆滿的鮮花都已枯萎了。

巴頓跪下來親吻了泥土，然後戴上巴頓的帽子，不是向爸爸，而是向一個自己曾愛過的最偉岸的軀體安放地敬禮，他的英靈將和自己永遠在一起。

巴頓經常想，生活對自己來說太平坦了，但失去父親卻成了巴頓永遠也無法挽回的憾事。

可以說，一種未讓父母看到自己功成名就而心滿意足地撒手而去的內疚之情，一直充滿了巴頓的內心。巴頓常常為此而感到不安。在一封給已故母親的信中，他歉疚地寫道：

親愛的媽媽，請原諒我。我一直都在禱告，我一定要為您做出一番驚天偉業來表達對您的愛，以不愧為巴頓從法國回來之時您對我的稱謂，「英雄的兒子」。

您曾給我做過的一切都是為了愛，對於您，除了母愛和奉獻，再也想不起別的什麼東西，然而我們又都必須變老，必須分離，這著實讓我心痛不已。

當我們再見面時，我希望您能寬恕我所有的脆弱。在大多數方面，我一直都做得很好。

大刀闊斧進行戰備訓練

　　1929 年世界性的經濟蕭條嚴重衝擊了義大利，墨索里尼斷定殖民地擴張是減輕國內經濟壓力所必需的，進而走向了擴張的道路。義大利軍團先後入侵了獨立的阿爾巴尼亞，並趁火打劫，於 1939 年 4 月 7 日，占領阿爾巴尼亞。在太平洋地區，戰爭的硝煙從 20 世紀 30 年代早期就開始瀰漫。日本秉承其大陸政策，圖謀征服中國。1931 年 9 月 18 日，日本關東軍在中國的東北發動「九一八」事變，並迅速占領中國的東三省，成立由關東軍控制的偽滿洲國。在 1936 年「二二六」兵變之後，另外一部分法西斯分子控制了軍部，使得軍部代替日本內閣成為日本的最高權力機關。在廣田弘毅內閣建立後，此時日本已經進入法西斯主義的時代。1936 年 11 月 25 日，德國和日本簽訂了《反共產國際協定》，形成了「柏林 —— 羅馬 —— 東京軸心」。一年後，義大利加入該協定，企圖建立一個政治軍事同盟，有史學家分析，德國的矛頭主要是指向蘇聯，這是德意日軸心的初步形成。在當時的情況下，世界大戰一觸即發。巴頓正是在這樣的國際形勢下，重新回到他的軍事指揮崗位的。

　　1938 年初，巴頓奉命到賴利堡騎兵學校任教。幾個月後，身體完全康復，精神又振作起來了。

　　巴頓以軍人特有的嗅覺，敏銳地感到不久將爆發新的世界大戰。

1938 年 7 月 1 日，巴頓正式接替了理查森上校的職務。他以自己特有的全新方法訓練軍隊，確切地說，巴頓已經在認真地備戰了。

　　巴頓欣喜若狂，不僅因為實現了回到野戰部隊的願望，而且他的部隊是戰備部隊，對他來說有特殊的意義。

　　一到克拉克堡，巴頓就大刀闊斧地進行軍事改革，不是根據操典上的規定，而是以一種全新的方式進行戰備訓練。

　　當時，西班牙內戰已經達到高潮，德國法西斯的飛機、坦克和一系列新的戰爭手段在戰爭中顯示了強大的威力。

　　對此，美國陸軍中一些老朽的將軍視而不見，巴頓則作出了敏銳的反應。巴頓在克拉克堡加緊研究德國新一代將軍的著作，並開始進行沙盤演習。巴頓把從各種軍事雜誌上收集到的德軍戰例重現於沙盤上，以備應付戰爭的需要。

　　當大多數美國軍官沉溺於歌舞昇平的和平生活時，巴頓卻指揮他的部隊經常進行近於實戰的演習。巴頓清醒地認識到所謂神聖騎兵的時代已經一去不復返，騎在馬上打天下已經永遠成為輝煌歷史。

　　巴頓對那些死板的參謀人員說：「不管那些老頑固對未來戰爭中騎兵的前途如何高談闊論，我還是要對你們說，當戰爭來臨時，在美國軍隊中是不會有幾匹戰馬的。」

　　巴頓把騎兵團編成一組一組的機槍隊，在訓練中從頭至尾全都步行前進。他是根據戰爭中可能出現的最嚴酷、最難以預料的情況來訓練部隊的。巴頓的嚴格管理、大膽要求，尤其是他的實

大刀闊斧進行戰備訓練

戰演習和全新的訓練方法，引起不少人的反感。

正當巴頓在克拉克堡勁頭十足地訓練部隊，準備迎接戰爭的挑戰之時，11 月 27 日，一紙調令把他調到邁爾堡接替要塞司令的職務。

這對巴頓來說不啻一個晴空霹靂。當國際局勢急遽惡化、戰爭烏雲密布之際，他卻要離開戰鬥部隊，回到一個社交場上去。巴頓當時一度淚流滿面，他實在不明白自己為什麼被調動。不過，馬歇爾說了一句話，讓人多少明白了這次調動的背景。

馬歇爾說：「我要把巴頓調到距離華盛頓近一點的地方，以備需要的時候召之即來。」不管怎樣，巴頓那雙淺藍色的眼睛，從來沒有離開過自己的目標，他始終機警地注視著周圍所發生的一切，他一直在蓄勢待發。

機械化改革的拓荒者

1939 年 9 月 1 日，第二次世界大戰在歐洲全面爆發了，就是這一天，整個文明世界都被拖入了災難的深淵。

這一天，法西斯德國共出動了 60 個步兵師，14 個裝甲、摩托化師，4,000 多架飛機，以及數千輛坦克和裝甲車，加上 6,000 多門火炮、迫擊炮，對波蘭進行閃電般襲擊。

作為對波蘭負有安全義務的英國和法國，雖然沒有幫助別人的心，但是迫於形勢，不得不向德國宣戰。英法雖然迫於輿論壓力對德國宣戰，但它們並沒有給予波蘭任何實質性援助。而且德軍很快突破了英法聯軍防線。第二次世界大戰初期，馬歇爾一邊關注歐洲正在進行的戰爭，一邊在對美國的實力進行評估。一旦美國被捲入戰爭，美國軍隊可以打贏這場戰爭嗎？這是當時美國上層最關心的一件事。評估的結果，是非常讓美國人掃興的，更是讓美國人不安的。他們看不出自己在歐洲列強面前的軍事優勢。事實也的確如此，當時的美國軍隊，還遠遠不是一支可以橫掃法、德全境的強大英勇軍隊。

作為一個新興的國家，美國的軍事力量還非常弱，可以說它不過是一支安然躺在第一次世界大戰溫床上昏昏沉睡的部隊。特別是在對坦克的認識上，大洋彼岸的美國同英法兩國犯有同樣的錯誤。第一次世界大戰結束後，美國頒布的《國防法案》就將坦克納入步兵部隊，美國坦克也沒有得到充分發展。軍隊的機械

機械化改革的拓荒者

化，是當時軍事發展的一個方向，但是，美國並沒有向這個方向很好地進行發展。不過還好，新上任的馬歇爾將軍有一定的軍事眼光，力主進行軍事改革，但是困難也不可小覷。

就是在這樣的情況下，53 歲的巴頓，才能得到提升。因為當時的馬歇爾已經在醞釀成立真正的裝甲部隊，而巴頓恰恰是軍中無比優秀的坦克手。

改革遇到了重重阻力，馬歇爾只能小心翼翼地掌著舵，將美國陸軍向機械化的方向一步步地推進。歐洲戰爭的殘酷現實，讓更多的人從睡夢中醒來，馬歇爾支持者的隊伍愈來愈眾，他的步子開始越邁越大了。

美國陸軍參謀長馬歇爾將軍冷靜地觀察和分析了形勢，他基於對新武器和新戰法的了解，向羅斯福總統建議組建裝甲部隊和遠程轟炸機部隊，得到全力支持。

1940 年 7 月 10 日，馬歇爾將軍簽署了一道命令，組建美國陸軍第一裝甲軍，下轄兩個裝甲師。由阿德納·查菲將軍任裝甲軍司令，第一裝甲師駐諾克斯堡，師長馬格魯德，第二裝甲師駐本寧堡，師長斯科特。兩天之後，馬歇爾又作出一項重大的人事安排，解除了巴頓在邁爾堡的職務，將其調往第二裝甲師，負責組建該師的一個裝甲旅，並由他擔任旅長。

馬歇爾對巴頓的這項任命，讓一些不了解巴頓的人感到莫名其妙，他們認為巴頓實際上是一個現代裝甲部隊裡的古代騎士，是一個騎兵至上主義者。

巴頓也確實是給人造成了這種表面的印象，他經常借用道格拉斯·黑格元帥的一句話來表達自己對騎兵的熱愛。

巴頓這樣說：「步兵和砲兵能夠贏得戰鬥的勝利，但只有騎兵才能讓它們勝得有價值。」

不錯，巴頓熱愛騎兵，對騎兵充滿了感情。

但是，他也很現實，很清醒，他知道，第一次世界大戰結束以後，騎兵的時代就已一去不復返了。

在內心深處，巴頓十分贊同對部隊進行機械化改革的主張，只是他為了不得罪華盛頓那幫思想老朽的當權者，不得不盡量少地把這一思想表露出來。

馬歇爾無疑是個伯樂，以他智慧的雙眼看出了巴頓隱藏在心靈深處的真實思想。

美國就要有自己的裝甲部隊了，巴頓知道這件事情後，真是高興萬分。於是，他謝絕了老友的好意，辦理好移交手續，星夜兼程地趕往本寧堡。

組建和拉練裝甲部隊

巴頓興致勃勃地來到本寧堡，可是出現在他眼前的，卻是一副令人沮喪的景象。這裡有 300 多輛嚴重鏽蝕的舊坦克，2,000多輛殘破不堪的各種車輛，還有就是幾千名沒有任何軍事素養的新兵。一切都得從頭開始。但是，巴頓又得不到多少國家財政方面的支持，有時他甚至不得不自己掏腰包，使那些坦克和車輛重新動彈起來。不過還好，這些破舊的機器，總算都開始能正常運轉了。緊接著，巴頓把人員和裝備組合起來，編成 3 個旅，形成了坦克師的完整建制。現在剩下來的問題是如何訓練那些新兵了。巴頓深知，要把這群新兵錘煉成訓練有素的戰鬥部隊，絕非易事。但巴頓有堅定的信心，他採取的措施是：表率、嚴格、激勵。巴頓處處以身作則，以自己對事業的熱忱和十足的幹勁感染和教育官兵，成為人人效的榜樣。巴頓利用各種方式獎勵成績突出的官兵，勉勵他們在戰爭中殺敵立功。

對這樣一支部隊，繼續沿用 20 年前的那套管理方式，顯然已不合時宜了。

所以，巴頓在剛到本寧堡時，把一切搞得一塌糊塗。巴頓的同事們甚至已經對他失望。

但是，巴頓就是巴頓，他是打不垮的。不久，在斯科特少將主持的軍事會議上，巴頓在本寧堡的尷尬處境發生了一次戲劇性的變化。

在這次會議上，巴頓用簡短有力的語言向眾人表達了他建設裝甲部隊的信心。

巴頓說，他將率領著他的部隊向勇敢機智這個目標邁進，而這個目標也將成為整個裝甲部隊的目標。

巴頓的發言在與會者中引起了強烈反響，這次會後，巴頓的發言成為眾人議論的一個熱點。

不久，新聞界也被巴頓吸引了，當報紙上刊登出巴頓的講內容時，勇敢機智變成了赤膽鐵心，並且成了伴隨巴頓終生的一個綽號。

此後，巴頓似乎豁然開朗，不久以後，他就成了裝甲部隊中以精明、講究實效而著稱的指揮官。

在不少戰士心目中，巴頓不僅是位指揮官，而且還是一位演說家和戰鬥鼓動家，他具有自己進行演講的高超才能，可以有效地提高士兵們的勇氣和信心。

巴頓不是個誇誇其談者，他是個講求實效的指揮官，他明白，要真正把第二裝甲師變成一把鋒利的尖刀，必須經過極其嚴格的訓練。

在訓練初期，巴頓為第二裝甲師安排的繁重訓練任務曾一度引起了一些抱怨。那些懶散慣了的士兵和軍官，背地裡整日發牢騷，互相議論說：「這怪老頭真討厭！」但是沒過多久，這些牢騷都消失了，取而代之的是無言的服從，巴頓抓住了第二裝甲師所有官兵的心。這時，人們私下議論最多的是：「你可別在老頭兒面前出醜，他可不喜歡這個。」短短的時間裡，第二裝甲師的

組建和拉練裝甲部隊

面貌煥然一新。1940 年 9 月，阿德納・查菲因身體狀況不佳調離了坦克部隊，由斯科特師長接替軍長職務，巴頓則擔任第二裝甲師代理師長。

眼看著自己的部隊一天天成熟和正規起來，巴頓感到由衷的喜悅。為了檢驗部隊的訓練水平，也為了在公眾面前展示一下坦克兵的威儀，巴頓決定進行一次長途行軍。

1940 年 12 月，巴頓率領他的裝甲師的官兵、1,000 多輛坦克、戰車、各種車輛，天上還有飛機伴行，從佐治亞州的哥倫布出發，浩浩蕩蕩地開往佛羅里達州的巴拉馬城，往返 600 多公里。

沿途，他們受到了隆重而熱烈的歡迎，成千上萬的居民自發地湧到路旁，用驚奇羨慕的眼光目送這群威武可怕的戰爭機器隆隆地駛過。

甚至學校也放了假，讓孩子們一睹美國裝甲兵的風采。整個行軍簡直是一場精彩的演出。這次行軍不僅在軍事訓練上取得了巨大成功，它還在輿論上為裝甲部隊做了最有效的宣傳。不久，人們就開始對巴頓相信無疑了。與此同時，對巴頓的讚美之詞也廣泛流傳起來，他甚至成了某些人崇拜的偶像。在第二年的元月，巴頓又搞了一次閱兵式。

這一天，本寧堡異常熱鬧，坦克部隊的 1,200 多輛各種戰車、偵察車、運輸車、吉普車魚貫開進本寧堡中心廣場。巴頓和一群軍政要員登上檢閱臺。在閱兵正式開始之前，巴頓親自登上一輛塗有紅、白、藍三種顏色的坦克，頭戴鋼盔，威風凜凜地站

在炮塔上。坦克繞場一週緩緩行駛，官兵們的吼聲震動了天地，他們齊聲高喊：「前進，前進，一直前進！」巴頓在雄壯的吶喊聲中回到檢閱臺。閱兵開始，軍樂嘹亮、禮炮轟鳴，戰車編隊透過檢閱臺。

閱兵完畢，前來觀禮的長官們無不稱好。陸軍參謀長馬歇爾滿意地說：「我們的坦克從無到有，已經發展成為一支訓練有素的強大的戰鬥力量。」

這無疑也是對巴頓本人功勞的肯定與褒揚。這天，陸軍部長史汀森當場宣讀了任命巴頓為第二裝甲師師長，晉升為少將的命令。這時候，美國已加快了戰爭準備的步伐。

大規模軍演的精彩結局

1941 年 1 月 28 日，馬歇爾宣布，陸軍到 3 月為止其員額將激增至 100 萬，四個野戰軍將接受美國軍事史上第一次大規模演習的考驗。

這次大演習為巴頓提供了展示第二裝甲師訓練水平與作戰能力的舞台。

更重要的是，巴頓打算透過參加這次演習，打敗美國陸軍中的反坦克派。

至此，裝甲部隊才終於名正言順地有了自己的地位，成為一支永久性部隊。

但是，反坦克派的小動作並沒有結束，他們正密謀打擊坦克派的氣焰，他們希望透過 1941 年大演習，一勞永逸地毀壞坦克的名譽。

巴頓知道，陸軍裝甲部隊能否生存下去，取決於它在這次演習中的表現，為此，他做了充分的準備，對部隊進行了祕密的適應性訓練。

巴頓雄心勃勃地決定透過自己的努力，向人們證明，坦克不是一堆爛鐵，而是真正的王牌。同時，巴頓還想借這次演習，驗證一下自己已逐漸形成和日臻成熟起來的戰術思想。6 月 12 日，巴頓率領部隊從本寧堡出發，來到了演習地域田納西州曼徹斯特，經過了長達 1.6 萬多公里的遠途行軍。演習開始後，坦克部

隊戰術和技能發揮得淋漓盡致，突擊性和快速機動的特點得到全面體現。現在的巴頓，已經對於坦克部隊的特性非常清楚，他已經能夠非常熟練大膽地進行指揮，採取機動的戰術。在巴頓果敢巧妙的指揮下，它們大膽地快速穿插，一下子就打到了第五步兵師的背後。經過一陣「激戰」，巴頓的坦克部隊「摧毀」了「敵方」的兵力，搗毀了「敵指揮部」。第二階段的演習在路易斯安那州舉行。巴頓所屬的集團軍的任務是攻取施李維波特。9 月 27日，進攻開始。巴頓對自己的部隊下達了作戰命令，巴頓說：「無論如何我們也要拿下這座城市，我們要從後方攻下它。」

巴頓他們採取了 600 多公里的包抄行動，又向東推進約 20公里，穿過卡多湖沼澤地，最後成功突破了「敵軍」密集的反坦克防線，到達預定的地點。

演習的高潮是「卡羅來納州戰役」。

11 月 15 日，演習開始的那一天，報紙上鋪天蓋地的都是這樣的標題：「今天將考驗對付坦克的辦法，杜萊發明了祕密的防禦辦法。」

原來這個杜萊對坦克部隊根本就沒有放在眼裡，他認為自己可以一舉將巴頓的坦克部隊打垮。演習開始了，一開始杜萊就吃了敗仗。完全可以這樣說，杜萊的祕密防禦辦法，在巴頓惡作劇似的行動面前，幾乎完全失靈。這一次，巴頓自作主張，讓第二裝甲師把目標鎖定在杜萊一個人身上。不到一個小時，演習指揮部收到「前線」發來的一份電報，原來對方的杜萊中將被「俘獲」。這是多麼令人驚奇而又精彩的結局啊！前來觀戰的馬歇爾

大規模軍演的精彩結局

將軍欣喜地說：「美國的坦克裝甲部隊一定會成為有『沙漠之狐』
美稱的德軍將領隆美爾的剋星。」有了這樣的結果，可想而知，
不久，巴頓再次獲得晉升，接替斯科特擔任了第一裝甲軍軍長。

只要能參戰甘願當少尉

1941 年 12 月 7 日 7 時 55 分，從航空母艦上起飛的日本轟炸機對集結在珍珠港海軍基地的美國艦隊，進行了密集突擊。頓時，珍珠港內火光沖天，無辜的人們在炮火下哭泣奔跑，一派悽慘的景象。其實，巴頓對於這次襲擊，可以說早就有一定的預言，只是沒有得到當時美國人的重視。

巴頓曾經在夏威夷軍區擔任過情報處長，他當時就曾寫了一份報告，論述了未來太平洋可能發生的風波，還有夏威夷群島在太平洋的策略地位。

巴頓一針見血地指出，日本對珍珠港發動突然襲擊，既是潛在的危險，也是可能發生的事。巴頓當時就認為，這樣一次襲擊將對美國造成很大災難。但是，巴頓的警告當時沒有也不可能引起有關方面的重視，結果巴頓的擔心現在真的變成了現實，美國為此蒙受了慘重的損失。珍珠港事件迅速傳到華盛頓，傳遍了全世界，美國人憤怒了，後果很嚴重。

12 月 8 日上午，時任美國總統的羅斯福身披藍色海軍斗篷，來到了國會大廈，要求向日本宣戰。從此，美國不再置身於事外，正式參加了第二次世界大戰。第一裝甲軍軍長巴頓的血液，被戰火燒得沸騰了。在此時此刻，擔任這樣一個職務，巴頓深信，不久他就將被華盛頓召喚，去扮演一個他可以演得相當出色的角色。可是，戰爭的召喚還沒有到來，到來的卻是一紙調令，

只要能參戰甘願當少尉

他被調往加州的印帝奧，負責創立一個沙漠訓練中心。對這項新的任命，巴頓的心理是矛盾的。一方面他可以像 23 年前那樣為戰爭訓練裝甲人員，另一方面他擔心在挑選戰鬥指揮員時，他這個在沙漠裡的將軍將會被人遺忘。

其實，馬歇爾對巴頓的安排是經過深思熟慮的。當時，北非的戰事十分吃緊，號稱「沙漠之狐」的德軍統帥隆美爾捲起的大漠風暴，幾乎要吞噬掉整個北非。馬歇爾判斷，美軍一旦投入對德作戰，第一個任務必然是支援英軍，遏制「沙漠之狐」的行動。因此，需要為進行沙漠作戰做好細緻而艱苦的準備工作。在馬歇爾眼裡，承擔這一任務的最佳人選無疑就是巴頓。

巴頓因為不知道這些，而感到疑慮，但這種疑慮也促使他以加倍的工作熱情去完成這一新的任務，以便給在華盛頓的、他命運的主宰者們造成一種印象，自己對這場戰爭來說是必不可少的。

巴頓在印帝奧精心選擇了一塊沙漠演習區。這是一塊占地 40 多萬平方公里的沙海，地形、氣候均與北非酷似。巴頓將在這裡培訓準備奔赴戰場的美國裝甲部隊的核心，受訓的是第一裝甲軍和第二、第三集團軍的部分部隊，共約 8,000 人。在印帝奧，巴頓對受訓部隊進行了酷似實戰，而且近乎殘酷的嚴格訓練。受訓人員每天只供應最低的配給定量，包括每人每天只有一壺水，這是一次極大的考驗。

一天下來，受訓官兵又熱、又累、又餓，可巴頓還要軍官再跑一公里路，自己則跑一公里多一點。官兵們對這種超負荷的訓

練叫苦不迭，牢騷滿腹。但巴頓堅持認為，平時多流汗，戰時才能少流血。他自己總是吃苦在先，處處身先士卒。這一切，士兵們看在眼裡，銘記心底，無不為他的模範行動所折服，並對他表示特別的敬重，可謂言聽計從，從不討價還價。

1942 年春，巴頓接到華盛頓方面打來的電話，準備讓他指揮一個師去參加真正的戰鬥，問他是否願意放棄訓練部隊的指揮權。聽了艾森豪威爾的問話，巴頓愣了一會。巴頓斬釘截鐵地回答道：「艾克，假如我能參加戰鬥，我甘願當一名少尉。」巴頓的回答令艾森豪威爾十分滿意，儘管這種感情溢於言表的回答是他早就預料到的。然而，正當巴頓熱情似火準備出征的時候，事情又起了變化。馬歇爾突然做出了新的決定，暫不派遣美軍參戰，迅速向英軍提供 300 輛坦克和 100 門榴彈砲，以解燃眉之急。巴頓的心情一下子幾乎降到了冰點，他只好沮喪地返回了印帝奧。

巴頓不知道馬歇爾為什麼會改變決定，難道他也不相信自己了？自己還有沒有參戰的機會呢？一個又一個的為什麼，不時地困擾和折磨著巴頓。不過，軍隊的生活，不允許他有太多的思考時間，而且想也沒有辦法，所以巴頓只好再次進入等待狀態之中。在等待的日子裡，巴頓更加全身心地投入到士兵的培訓之中，期待著那一天的到來。

指揮「火炬」西線特遣隊

1942 年 11 月 7 日，當時夕陽西下，餘暉滿天。第二次世界大戰的炮火還在世界燃燒，世界正在盼望美國軍隊的早日加入。這時，摩洛哥的人們從無線電廣播裡收聽到一句不斷重複的暗語：「羅伯特到來！」這是英國廣播公司對被軸心國占領的國家的廣播中都經常穿插的一種簡短的訊號。當然一般人不知道，這其實是一種密語方式，他在告知這些國家的地下反納粹武裝，準備迎接預定的作戰計畫。摩洛哥原是法國殖民地。第二次世界大戰開始後，法國向德國法西斯倒戈投降，摩洛哥接受了法、德雙重的「和平」統治。現在，羅伯特要來解放這片土地了。那些摩洛哥地下武裝成員紛紛猜測，電波里代號「羅伯特」究竟是誰呢？羅伯特，其實就是巴頓，同時，也是同盟國祕密擬訂的「火炬」作戰計畫的代號。「火炬」計畫的目的是派出一支特遣部隊在北非登陸，建立一個策略據點，為今後反法西斯的大反攻做準備。

「火炬」作戰計畫的醞釀和籌劃經歷了近半年時間。

「火炬」計畫的登陸地點選定在法屬阿爾及利亞和摩洛哥，這方面，英美分歧較少。

但在具體登陸地點上，雙方卻各執己見。

英方主張部隊應全部在地中海沿岸登陸，迅速搶占突尼斯，美方則堅決主張在卡薩布蘭卡登陸。

經過激烈討論，最後採取了一個折中的方案，雙方決定分三路在法屬北非登陸。

巴頓指揮西線特遣部隊，由美國本土出發，橫渡大西洋，在卡薩布蘭卡登陸，弗雷登道爾指揮中線特遣部隊，在奧蘭登陸，賴德指揮東線特遣部隊，在阿爾及爾登陸。

3 支隊伍，只有巴頓的這支特遣部隊，沒有一個英國人，全部是美國人，而且兵員輸送也要靠自己。

不僅如此，巴頓所面臨的敵人，將有 20 萬人，而他自己只有 4 萬人，為此，他需要好好謀劃一下，特別是要和運送自己隊伍的海軍將領進行商議。

海軍少將亨利‧休伊特的個性同巴頓截然相反，巴頓火氣旺盛，容易發怒，可謂非常情緒化的人物，而休伊特則溫文爾雅，審慎得甚至有些遲鈍。

休伊特慢條斯理的勁頭，讓巴頓十分反感。海軍少將手下的那班參謀，又不斷地插話，翻來覆去地強調遠征的不利因素，更讓巴頓怒不可遏。

巴頓一向是蔑視困難的，對其他軍種為完成支援任務所面臨的困難，他從來都是過低估計的。

此時此刻，巴頓把海軍的正當擔憂當成了一種破壞，他漸漸地失去了耐心，開始大發脾氣，協商不歡而散。休伊特將軍找到海軍金上將，金上將立刻將此事向馬歇爾匯報，正式要求撤換巴頓。馬歇爾只好向休伊特和金上將作了解釋，他保證，巴頓的脾氣絕不會影響軍事行動，相反倒會有助於戰役的勝利。最後，馬

指揮「火炬」西線特遣隊

歇爾表明了自己的態度，他認為，對於「火炬」戰役來說，巴頓是不可或缺的。休伊特是個能顧全大局的人，他勉強同意與巴頓繼續合作。在合作中，兩人增進了了解，配合日益默契。雙方取長補短，一對冤家成了真摯的朋友。最終使這次史無前例的遠徵取得了輝煌的成功。

在這段插曲之後，「火炬」計畫也進入了最後階段。現在，弓成滿月，箭已上弦，就等著「火炬」燃燒的那一天了。想到自己馬上就成為第二次世界大戰中率軍出征的第一位將軍，巴頓心中充滿了喜悅。巴頓希望這是一次激烈的戰爭，希望每一個從戰場退下來的人，都覺得這是一場難得的經歷。可以說巴頓一生中最想要的，就是領導一群人打一場艱苦卓絕的大仗，看起來，這個機會來了。如今巴頓已經 56 歲，這是一個使人擁有鎮定心態的年紀。巴頓覺得，死亡像羽毛一樣輕，而勇敢的名譽卻重如泰山。出發之前，巴頓做好了一切必要的準備，他去晉見了總統、拜訪了陸軍部長史汀森和參謀長馬歇爾將軍。

10 月 21 日，巴頓趕到沃爾特·里德醫院，向老將軍潘興辭行。臨告別時，潘興祝福巴頓一帆風順，取得勝利。想到與老將軍之別也許是一去不復返了，剛強的人也不禁黯然神傷。這個世界上，讓巴頓最放心不下的，就是比阿特莉絲了。但是，戰爭這個怪物，卻會搗毀人的家園，拆散人們的家庭，破壞別人的幸福。此刻的巴頓，深深地感到和平的珍貴。現在，為了保住眾多的家庭及其幸福的日子免遭破壞，也為了比阿特莉絲，巴頓就要拿起武器去消滅戰爭了。

為了做好奮戰到底的打算，巴頓還專門準備了一封給自己妻子的信，交給了自己的表哥。以備萬一自己陣亡了，好由表哥轉交給自己的妻子。

　　巴頓他們的艦隊是在 24 日上午 8 時 10 分駛離諾福克港的，出港時一切都是那樣的準確、高效，井井有條。艦隊排成縱隊穿過了水雷區，駛出波濤洶湧的海峽，在海峽裡，巴頓他們加入了 5 列縱隊中由奧古斯塔號打頭的那一列。艦上的伙食太棒了，巴頓簡直從未見過，他甚至擔心自己會發胖。每天早晨巴頓都做大量鍛鍊，包括引體向上和在巴頓的船艙裡原地跑步 480 步相當於四分之一公里。每天早上，大家在各自的戰鬥崗位紮上皮帶，戴上鋼盔。巴頓也一樣，每天都非常認真地執行，然後巴頓攀上升旗臺，直到第一抹陽光閃現才下來，再讀一會《古蘭經》，他感覺這是一本有趣的好書，接著就開始早飯了。其實巴頓的心很沉重，他知道這次戰鬥對他來說非常重要，而且他又有很多顧慮。巴頓憑著血性和一時之勇，在總統和參謀長面前已誇下海口：「不成功便成仁！」

　　但巴頓對怎樣成功、怎樣成仁也不甚了了。溫文爾雅的亨利・休伊特海軍少將走近憂心忡忡的巴頓。他輕輕地拍了拍巴頓的肩膀：「老弟，不用擔心，上帝會保佑我們的。」巴頓轉身微笑，在他內心深處，深深地敬佩這位身材魁梧、舉止端莊、謙讓平和而又原則性極強的搭檔。雖然在合作開始之際，巴頓那臭名昭著的壞脾氣在兩人之間造成了不愉快，但幾次開誠布公的交心之後，他們都了解了對方。共同的利益和美國的尊嚴使這兩位陸

指揮「火炬」西線特遣隊

海軍指揮官配合默契，如同一個人一樣。雖然海軍的支持給巴頓很大的鼓舞，但是，摩洛哥沿岸天氣變幻莫測的預告又加重了巴頓的焦慮。

11月4日以來，巴頓一直擔心天氣變壞。因為海上突然颳起西北風，而且風勢越來越猛。風浪驚人，深藍色的海水好像成了墨水，每一次衝浪，都好像要把人整個兒吞下去似的，掃雷艦一類的船隻左右傾斜已達42度。

11月6日，離規定時間只有兩天了，但天氣變得更為惡劣，轉好的希望十分渺茫，人們對登陸的可行性議論紛紛，巴頓也舉棋不定。

如果天氣不轉好的話，巴頓就應採取應急措施，易地登陸。巴頓極為緊張地思考著，他那如精密儀表般精確的大腦一直在夜以繼日地工作。巴頓努力使自己相信，11月8日的天氣會轉好，美軍能夠順利上岸。在奧古斯塔號上，有兩個人的話使巴頓的心放寬了。一位是巴頓的外交顧問保羅·卡伯特，卡伯特曾在摩洛哥久住，他深知摩洛哥的天氣反覆無常。卡伯特充滿信心地安慰巴頓：「我相信，長官，浪濤不會給登陸造成太大的困難。」

另一位是美國海軍氣象專家斯蒂爾海軍少校。他在華盛頓時就以自己的才能贏得巴頓極大信賴。惡劣的天氣使艾森豪威爾將軍也產生了疑慮。他的參謀人員又擬訂了幾種應急計畫。但巴頓表示，無論多麼困難，他都將按原計畫執行。巴頓就是這樣一種人，在生命的極點，客觀地講，在已完全不可能的情況下，主觀上還要做最後一搏！巴頓提前兩天已給全體官兵做了簡短的戰鬥

動員，他要採用鐵腕策略，即行動方向和步驟一旦決定就嚴格執行。但在戰術上要靈活，要攻敵弱點，要揪住他們鼻子往下褶猛踹。再過 40 個小時戰鬥就要打響。情報很少，時間緊迫，而巴頓卻必須作出最重大的決策。不過巴頓卻是那種不怕抉擇的人，敢做大事的人，他相信責任越大，思路就越廣。

　　巴頓的一生彷彿都凝聚在這一時刻。他深知，決定一旦作出，自己將被推向命運之梯的又一級臺階。不管如何，只要盡職盡責了，剩下的就聽天由命吧！

攻占卡薩布蘭卡

1942 年 11 月 7 日，離搶灘登陸的時間越來越近。下午，巴頓向他的全體部下發布了一個書面命令，命令這樣寫著：

士兵們：

我們正在前往西北非海岸登陸的途中。我們將受到祝賀，因為我們是被選入參加這次壯舉的最適合的美國陸軍。

我們的任務有三項：

第一，強占灘地陣地；

第二，占領卡薩布蘭卡；

第三，進攻德國人，不管他們在哪兒，都要摧毀他們。全世界的眼睛都在注視著我們。上帝與我們同在，勝利一定屬於我們。

巴頓

11 月 8 日凌晨 1 時 30 分，正值阿爾及爾登陸特遣隊開始登陸的時刻，巴頓在艦艇甲板上聽到了由英國廣播公司播出的羅斯福總統熟悉而又響亮的聲音。

羅斯福總統的聲音，宣布了登陸的開始。

可是，這讓巴頓心中不快，因為美國決策機關沒有接受他延遲廣播總統講話的時間。

事實上，巴頓他們兩個半小時之後，才能開始登陸，天曉得這會給他的行動增加多少麻煩！

兩個小時後，巴頓的龐大艦隊漸漸靠近海岸線。特遣部隊進入戰鬥前的緊張準備。

包括西線特遣部隊在內的 3 支特遣部隊的地面部隊，由巴頓少將指揮，司令部是按一支集團軍的規模結構設立的，登陸後稱為第五集團軍司令部。

　　西線特遣部隊由 3 支特遣分隊組成：盧西安・特拉斯科特少將指揮北線特遣隊在利奧特港登陸，喬納森・安德森少將率領中央特遣隊在費達拉登陸，歐內斯特・哈蒙少將指揮南方特遣隊在薩菲登陸。空軍部隊由約翰・坎寧安準將指揮。

　　薩菲是位於卡薩布蘭卡以南 24 公里的一個小鎮，這裡有一個小型的人工港口。

　　法軍有 400 人駐守，用 130 毫米的岸防炮封鎖入港處，他們已經接到上級加強戒備的命令。

　　哈蒙少將組織部隊分批登陸，4 時 38 分，登陸艇接近海岸，在美艦猛烈炮火的掩護下，部隊順利登陸。

　　擔任穆罕默迪亞進攻的行動遇到較大挫折，穆罕默迪亞位於卡薩布蘭卡以北約 80 公里，靠近利奧特港機場，控制了它就可以掌握卡薩布蘭卡的制空權。

　　巴頓親自掌握中央突擊隊進攻費達拉地區，這是「火炬」戰役的重點，由第三師、第二裝甲師第六十七裝甲團第一營以及從 12 艘運輸艦上登陸的特種部隊共 1.9 萬名官兵發起進攻。

　　費達拉距卡薩布蘭卡以北 24 公里，這裡的港口是摩洛哥在大西洋沿岸唯一設備良好的港口。第三師的任務是在費達拉港附近登陸並建立灘頭陣地，然後向南進攻卡薩布蘭卡。法軍在這裡的兵力部署十分嚴密，密集的岸炮和野炮群扼守著海灘地帶，對美軍選擇的 4 個灘頭構成了火力封鎖。地面部隊有數千人，海面

攻占卡薩布蘭卡

上還有一支較大的法國艦隊助陣，形勢對美軍十分不利。美軍原先想得到法軍的禮遇，派出了代表與法軍司令部談判，要求他們放棄抵抗。然而得到的答覆卻是不肯屈服和隆隆的炮聲，在濃密的硝煙中美國軍旗遭到炮火的毀壞。

特別是駐守卡薩布蘭卡的海軍少將，是個忠實於納粹的將軍，這位少將正在生氣，因為他竟然沒有在自己海空巡邏範圍內發現如此龐大的軍艦群，而這支艦隊在剎那間開到了自己眼前！

威爾克斯號引導著 4 艘艦船抵進進攻發起線，登陸部隊立即從運輸艦下到登陸艇，向海灘進發。在登陸過程中，有 20 多只登陸艇翻沉，不少士兵落水而死，各個編隊之間失去聯絡，情況非常糟糕。登陸部隊的行動終於被髮覺，法軍立即用重機槍和大砲表示「熱烈歡迎」。6 時左右，部隊恢復了秩序，冒著炮火搶占登陸點瓦迪內夫夫克小三角灣，步兵十五團登上藍色二號海灘，第三十團的先頭部隊則登上了紅色一號海灘。

這時，布隆丹橋上的舍基堡和費達拉角上的大砲分別向兩處海灘兇狠地傾瀉彈雨。為了掩護大部隊順利登陸，休伊特海軍少將命令艦炮一齊開火，頓時把敵軍大砲打成了啞巴。艦載飛機也一批一批地飛臨卡薩布蘭卡上空，實施轟炸和掃射，完全控制了這一地區的制空權。8 時，是巴頓預定的登陸時間，他的登陸艇正在吊架上，裝載著他的全部行裝，準備下水。正在此時，有 7 艘法國軍艦從卡薩布蘭卡港衝了出來，它們以猛烈的炮火向美艦和登陸艇射擊。奧古斯塔號立即加速前往攔截。不料，當它的主炮開火齊射時，將巴頓的登陸艇的底部一下子震垮了，全部用品

嘩啦啦掉入大海，巴頓無法登陸了。巴頓目睹了有生以來從未見過的精彩激烈的一場海戰。在巴頓的心目中，只有騎兵才是真正衝鋒陷陣的鬥士，只有坦克部隊才有摧枯拉朽的威力。而眼前，他看到幾十艘龐大的鋼鐵艦船在遼闊的海面縱橫馳騁，不由得巴頓對海軍開始刮目相看，並產生由衷的敬意。一場海上惡戰持續了 5 個小時，以美軍的勝利宣告結束。巴頓於中午 12 時 42 分開始登陸。當巴頓的登陸艇離艦時，水兵們擠在舷欄邊向巴頓歡呼。巴頓在 13 時 20 分上岸時，渾身早被海浪打得濕透了。前方還有許多仗要打，而他的槍裡連一顆子彈也沒有。這時，巴頓得到哈蒙的消息，薩菲已經拿下，特拉斯科特將軍也已開始向縱深方向發展進攻。情況似乎在一步步地轉好，可巴頓來到岸上之後，卻發現費達拉灘頭根本不是那麼回事。「我們看到的情況非常糟糕。」巴頓後來寫道。當時，雖然船隻不斷地駛來，但是卸貨之後，卻沒有人把船推開。

法國的飛機在低空掃射，美國士兵只能在槍炮還比較遠時就躲開隱蔽，這樣就耽誤了卸貨工作的進行，特別是彈藥的卸貨。而在這個關鍵的時刻，彈藥的充足與否是具有決定性的。

安德森的部隊經過一場激烈的戰鬥之後也進入了鞏固陣地階段，這並不是由於沒有向前發展的機會，而是因為缺乏支援武器、車輛和通信設備。

此時，對法軍的勸降工作嚴重受挫，法國的米什利埃將軍不合時宜的虛榮心使他拒絕投降。由於岸上通信工具普遍發生故障，巴頓既得不到薩菲的消息，也不知道梅赫迪亞的消息。看來

攻占卡薩布蘭卡

只有各自為政了，巴頓心中突然冒出了這樣的念頭。巴頓判定，運輸供給是贏得這場戰爭的關鍵，他決定親自過問這件在別人看來是次要的事情。11 月 9 日一大早，巴頓穿著一身漂亮的軍裝，精神抖擻地站在海灘上。巴頓滿面怒容，威武可怕。在海灘上他一邊指揮，一邊親自推船，經過整整 18 個小時，渾身上下都濕透了。巴頓堅定的話語，那神情自若的姿態，給美國士兵極大的力量。在部下眼中，巴頓好像是一頭發怒的雄獅。奇蹟出現了，經過巴頓一天的指揮，西線費達拉海岸的官兵們精神為之一振，各種物資也源源不斷地運上了岸，陣地有條不紊了。巴頓對自己這一天的工作十分滿意。他後來回憶這一天時寫道：「我認為，自己對於最初登陸的成功，具有了相當大的作用。」巴頓感到，在整個摩洛哥戰役中，這是唯一值得提起的一段插曲，可以用來證明他的親自干預有一定的價值。11 月 9 日，終於傳來了薩菲和梅赫迪亞的好消息。這兩支部隊都取得了很大進展，而巴頓在費達拉卻無計可施。10 日，巴頓下定決心，對卡薩布蘭卡發起全面進攻，迫使它投降。

在當初擬定「火炬」行動之時，艾森豪威爾曾許諾，如果其他方法均不能獲得成功，可以威脅從空中轟炸和從海上炮擊迫使卡薩布蘭卡投降，而且在必要時把威脅變為行動。

但同時明確規定，巴頓在採取這一極端行動之前必須向他請示，並得到他的明確同意。此時此刻，巴頓已顧不得許多，他決計來個先斬後奏。巴頓下達命令，要求休伊特海軍少將在奧古斯塔號上準備好炮火，麥克沃將軍在突擊隊員號航空母艦上準備好

轟炸機，安德森則做好地面進攻準備。同時，巴頓命令第三師的前鋒迂迴到卡薩布蘭卡的東南角，做好戰前偵察和突擊準備。一切安排妥當，巴頓決定，11月11日上午7時30分發動進攻。11月11日凌晨4時30分，一名法國軍官來報，拉巴特的法軍已經停火。參謀部所有的人都主張取消這次進攻，可巴頓堅持要打。

巴頓還記得1918年巴頓過早停止進攻的教訓。

巴頓讓那名法國軍官到卡薩布蘭卡轉告守將米什利埃海軍上將，如果不想被消滅就立即投降，一旦開戰，巴頓就不會再勸降了。

巴頓又給休伊特將軍傳話，如果法軍在最後一刻放下武器，巴頓將透過電臺發出停火信號。那時是5時30分，然而剛剛一個小時，敵人就投降了。幾乎就在敵人投降的同時，巴頓的轟炸機已飛臨目標上空，戰艦也正準備開火。巴頓命令安德森率軍進城，如遇抵抗立即打擊。雖然沒有人阻擋他，但從7時30分至11時這幾個小時，是巴頓一生中最漫長的時刻。11月11日14時，米什利埃將軍和諾蓋將軍來談投降條件。巴頓首先對他們的明智選擇表示了自己由衷的祝賀，最後巴頓還和他們慶祝了一下。不過接下來的日子，巴頓感覺並不多麼好受，因為巴頓他們只能駐紮在摩洛哥。

駐紮的意思就是等待，在戰爭中等待，也許是巴頓最難熬的日子，除了經常和摩洛哥國王聊天之外，他實在找不到什麼有趣的事情。

巴頓感到非常不痛快。

坦然應對敵軍空襲

1942 年 12 月 19 日，是摩洛哥的重大節日羊節。雖然這是在戰爭時期，但是既然摩洛哥還算太平，就還要舉行，畢竟這是一種民族心理。當時的摩洛哥國王邀請了駐紮在自己國家的軍隊首長，其中當然少不了巴頓，另外還有各師師長，以及 40 名官員。羊節的開幕儀式在王宮舉行。不過巴頓卻沒有多少心思花費在這方面，他渴望自己能夠早日進入戰爭之中。巴頓和法國的諾蓋將軍站在同一輛車上檢閱儀仗隊，這是一輛卸掉頂篷的偵察車。儀仗隊的英姿令群眾大開眼界，巴頓聽到阿拉伯人的陣陣歡呼聲。後來，摩洛哥國王出來時，更是引起了所有阿拉伯人振臂歡呼，外國官員也紛紛敬禮。這一部分表演一結束，國王回宮了，巴頓很快也走了。差不多兩個月了，巴頓天天真的很心急。

然而，1943 年 1 月 1 日一大早，巴頓他們首次遭到空襲。大約 3 時 15 分，三枚炸彈最先炸響，把巴頓從沉睡中驚醒。巴頓在屋子中央點上燈，拉上窗簾，穿了幾件衣服，5 分鐘後上了房頂。鉛雲低垂，僅有 700 多公尺高，風雨交加。巴頓讓所有的探照燈都打開了，光柱彷彿正不斷在雲層中刺出一個個大洞。高射機槍霎時密集開火，彈道像螢火蟲劃破晨空。5 分鐘後，一團夾雜著章魚觸角般火舌和火球的巨大閃光突然出現，耀眼的火光持續了約 10 秒鐘，其間並未發生什麼事。隨即，巴頓聽見了刺耳的飛機引擎聲和即使看不見飛機也會實射的高射炮的開炮聲。噪

聲持續著，不久有一架四引擎轟炸機迎面從巴頓們的房頂掠過，同時也被兩道探照燈光罩住。幾乎所有附近的高射炮立即向它開炮，橫飛的彈道映襯著它的黑影，一團團隨即變成黑煙的白熾色的爆炸將它包圍。儘管這架敵機的高度不超過 600 公尺，也許正因為這個高度，它全身而逃了。有人認為它被擊中了，可巴頓覺得沒有。巴頓還能聽見雲層外別的飛機聲和不時的轟炸聲。一塊彈片下落時從巴頓身邊呼嘯而過，不過巴頓的屋子幸虧不在彈片群的輻射區內。巴頓派軍官們到各處了解情況，不久他們就紛紛打來電話。防務一切正常，這讓巴頓寬心了不少。大約在凌晨 4 時 45 分的時候，巴頓聽見一架轟炸機從自己的屋頂飛過，他憑聲音判斷，這架飛機應該是四引擎的。因為這架飛機飛得實在太低、太大膽，所以強烈吸引了地面的全部火力。

巴頓幾乎敢斷定，這架自鳴得意的飛機在朝歐洲方向消失前，至少被美軍的炮火擊中兩次。這架飛機剛逃跑，巴頓又聽到，有一個炸彈波在一個高射炮連附近響起。巴頓的副官斯蒂勒中尉立即前去打探爆炸的確切位置和傷亡情況，結果大家都安然無恙。隨後，一切都安靜下來了，巴頓覺得空襲顯然已過，於是就回去睡覺了。誰知道，大約 5 時 30 分，空襲又來了，還沒來得及躺下的巴頓，又再次來到屋頂。轟炸聲此起彼伏，巴頓的砲兵和海軍艦艇的防空火力也異常猛烈，場面比想像中盛大的美國獨立日慶典更為壯觀。此時烏雲已經消散，一架敵機在巴頓他們前方約 1,200 公尺高的上空被探照燈盯住，惹地面的陣陣狂轟。可它突然下降了 1,000 多公尺，得到了地面所有方向的火力關

照。但這架飛機竟然從火力網中直躥出去繼續轟炸，約飛行了4公里後來了個倒栽蔥，幾乎栽進海裡。當時它的一兩個引擎已冒起濃煙，眼看就要完蛋，可在逃到海面前竟然消失在了煙霧中。等天一亮，巴頓就立即去了解突襲後的情況，並同士兵們進行了交談。士兵們表現很鎮靜，一名砲兵說，一枚炸彈在50公尺外爆炸，他們班一個人也沒被炸死，只不過被泥塊和石塊擦傷了。

轟炸留下的彈坑約有普通臥室那麼大，每個彈坑裡都有許多彈片。巴頓幸運地蒐集到了一些彈片，以此推知敵機的彈型和引擎。

儘管敵人投下了大量炸彈，但巴頓手下一個人也沒有死亡，就是炸傷的也很少，他們可真是太幸運了！但是那些阿拉伯人可沒這麼幸運，至少有10個阿拉伯人被炸死，而且傷的更多。10時，巴頓把全體飛行員和高炮部隊軍官召集起來開了個會，商討防空計畫並作必要調整。巴頓表示，對現行防禦體系還算滿意，但還需要作一些改進。任務分派下去以後，很快這些改進措施就完成了。但是，巴頓現在想要的，不是這種在防禦陣線後的生活，而是熱情燃燒的戰鬥。

參與赫斯基計畫

1943 年 1 月中旬的時候，美英兩國重要首腦齊聚卡薩布蘭卡，召開重要會議。參加會議的除了羅斯福和邱吉爾，還有主要的軍事顧問團。這次會議確定了 1943 年的作戰方針，打算下一步重點進攻義大利的西西里島。這次戰役被命名為「赫斯基」，巴頓的老朋友艾森豪威爾被任命為盟軍總司令。巴頓以東道主的身分接待了這次會議，他把各項工作安排得周密而細緻，使全體與會者感到十分滿意。

2 月 2 日，艾森豪威爾給巴頓下達指示，要求他立即著手改編西線特遣部隊，後來被叫做第一裝甲軍，並開始籌劃「赫斯基」戰役的有關準備事宜。

知道自己即將參加「赫斯基」計畫，巴頓在拉巴特連夜改編西線特遣部隊，並動員參謀人員開始為「赫斯基」戰役擬訂計畫。然而，情況發生了突變，德軍統帥隆美爾忽然來到了突尼斯，他的到來，使盟軍遭受了重大打擊。

在危機情況下，艾森豪威爾決定讓巴頓去突尼斯，以挽救可能在再次攻擊之下而瓦解的第二集團軍。

1943 年 3 月 5 日下午，巴頓和艾森豪威爾會面之後，領受了自己的任務，接管第二集團軍，整頓它的士氣，接受英國亞歷山大將軍的直接指揮。

當天下午，巴頓飛往君士坦丁堡到亞歷山大將軍的第十八集團軍群司令部報到。亞歷山大將軍對巴頓充滿了好感，巴頓對他

參與赫斯基計畫

的新上司也很滿意，他對亞歷山大將軍十分尊重。巴頓的主要任務就是全力吸引和牽制德軍兵力，並奪取加夫薩，為蒙哥馬利提供前方補給基地。馬上就要和隆美爾這樣的強勁對手作戰，巴頓感到異常興奮。前不久，他曾在艾森豪威爾的司令部對海軍中校布徹慷慨陳詞：「我們一抵達北非，我就看出隆美爾將在突尼斯加緊攻勢，並盼望與那個屬害的雜種廝殺一場。」巴頓感到願望很快就要實現了，渾身充溢著一種說不出的衝動和快感。但令巴頓遺憾的是，他的部隊不是主力，而是給蒙哥馬利當配角，心中老大不快。第二天，巴頓率領手下，開著一隊偵察車和架著機槍的半履帶車，急速地駛向設在庫伊夫山的第二軍司令部。

巴頓顯出一副令人生畏的面容，頭戴兩顆星的擦得發光的鋼盔，下額露在鋼盔帶外面，就像一個戰車駕駛員一樣，站在裝甲車上。

車隊呼嘯著開進那個滿是土屋的破爛村莊，只見高高的天線在車頂上不停地搖晃著，喇叭的尖叫聲把受驚的阿拉伯人從泥濘的街道上嚇走了。

就連那些當兵的，為了避免泥水濺到身上，也急忙躲進最近人家的門口。就在巴頓赴任的這一天，隆美爾發動了梅德寧戰役。但是隆美爾遭受重大挫折，被趕回馬雷斯防線。隆美爾遭此打擊之後，一氣之下，於 3 月 9 日藉口養病返回歐洲去了。隆美爾的突然離去，使巴頓認為自己遭受到一次重大挫折，一種失去對手的失落感油然而生，不免扼腕浩嘆。本來進攻日期是 3 月 15 日，但亞歷山大為使它更接近第八集團軍預定攻擊時間，便延後到 17 日。

巴頓對英軍的保護主義和唯我獨尊十分反感，但想到艾森豪威爾的囑託就忍了下來，他準備透過側翼的佯攻來幫助蒙哥馬利突破馬雷斯防線。

巴頓率領第二集團軍於 3 月 17 日向兩個目標發起了進攻。艾倫的第一步兵師占領了加夫薩，18 日，又占領了蓋塔爾。沃德的裝甲部隊也奪取了斯塔欣和德塞內德，並做好了向馬克納賽展開攻擊的準備。第二集團軍的進攻十分順利，21 日攻占了塞內車站，22 日占領了馬克納賽。23 日，巴頓命艾倫率第一步兵師沿加夫薩 —— 加貝斯公路向前推進，在早晨 6 時，他們與德軍第十裝甲師約 50 輛坦克相遇。在卡塞林山口戰役中，第二集團軍便負於他們之手，這一次第二集團軍決心報仇。戰鬥十分激烈，敵軍發動的兩次進攻都被打退了。巴頓對這次戰鬥十分滿意，他自豪地指出：「硝煙一散，我沒有看見一個美國士兵放棄陣地後退一步。」在馬克納賽以東地區，第一裝甲師受地形條件等的限制，未能取得較大進展。此時此刻，巴頓已將軸心國精銳的第十裝甲師和一個義大利師吸引到北線來，完成了亞歷山大交給的牽制德軍力量的任務。3 月 28 日，巴頓組織部隊從蓋塔爾附近的陣地向加貝斯發動進攻。

巴頓以艾倫將軍的第一師為左翼，埃迪將軍的第九師為右翼，力求在敵人陣地中打開一個缺口，以便為沃德將軍的第一裝甲師投入攻擊打開通道。

德軍十分清楚，退讓就意味著軸心國北非戰線的全面崩潰，所以拚死抵抗，戰鬥十分慘烈，雙方損失都很慘重，美軍只取得極少進展。

參與赫斯基計畫

30 日，巴頓命令部隊暫停進攻，進行休整。4 月 6 日，巴頓接到命令，要不惜一切代價奪取 396 高地。然而，第二天早晨 7 時 45 分，巴頓又接到命令，讓他盡最大力量援助英國第八集團軍。巴頓不喜歡亞歷山大將軍那種犧牲美軍為英軍勝利鋪路的做法，但為了顧全大局，他接受了命令。巴頓從第一裝甲師中抽出精銳，組成由本森指揮的特遣隊，再次發動猛攻。戰鬥打得很殘酷，雙方傷亡人數不斷增加。可是這時巴頓卻不顧個人安危，親臨前沿指揮。當部隊被德軍的地雷區阻住去路之時，他毅然駕駛吉普車在前開路，穿過雷區。巴頓的英勇精神感染了所有的坦克兵們，他們也表現得非常勇敢，很快，突擊隊與蒙哥馬利第八集團軍的先頭部隊會合了。

經過 22 天的血戰，美軍在蓋塔爾戰役中，取得重大勝利。

巴頓下了一道總嘉獎令，滿懷熱情地表彰了第二軍將士的戰鬥精神和輝煌戰績。

蓋塔爾戰役的勝利，大大幫助了蒙哥馬利對阿卡里特河陣地展開正面突擊。這時可以說離整個突尼斯戰役的勝利已經不遠，德國非洲軍團即將走向末路。

巴頓希望趕快進入戰鬥，結束非洲的戰鬥，可是，4 月 16 日，馬歇爾親自打來電話給巴頓：「你已經圓滿完成了任務，證明了我們對你的信任。」

艾森豪威爾在兩天前，還專門來到蓋塔爾，他對巴頓說：「喬治，你該回頭去搞赫斯基戰役了，這裡有人會接替你的。」

打響西西里戰役

「赫斯基」計畫雖然早就提出來了，但是卻一直沒有真正成形，因為他一直在進行更改，一直在進行醞釀。特別在後期，英國將軍蒙哥馬利的出現，致使整個計畫都做了改變。蒙哥馬利是第二次世界大戰中英國的民族英雄，他在英國人民殷切期待之下應運而生，成為人們心中尊敬的將領和崇拜的偶像。蒙哥馬利以他那特有的執拗更改了計畫，即巴頓在巴勒莫登陸的計畫被取消。很快，新的計畫發表了，這一次的計畫，完全是按照蒙哥馬利的意見修改的。但是新的計畫對美英兩軍的作戰是不公平的。當時幾乎所有的人都認為，蒙哥馬利的做法不妥。亞歷山大心情緊張地向巴頓下達改變後的命令，他擔心巴頓會有異常的反應。不過還好，巴頓兩個腳跟一碰，對徵求他意見的英國上司行了個禮，只講了一句話：「將軍，我不搞計畫，我只服從命令。」

巴頓在盟軍中贏得了大批同情者，儘管條件不佳，但大部分都認為他能占上風。1943 年 5 月中旬，盟軍最高司令參謀部最終確定了戰役實施計畫。英國的第八集團軍在西西里島東部近 50公里寬的正面登陸，美國第七集團軍在南部 110 多公里寬的海岸登陸。萬事俱備，大戰在即。7 月 5 日，巴頓祕密登上海軍中將休伊特的新旗艦「蒙羅維亞」號。

他的部隊將由休伊特指揮的三支分艦隊負責運送，它們的代號分別為「菩薩」、「角幣」、「分幣」。巴頓隨第一師去杰拉，

打響西西里戰役

空降兵第八十二師作為策略預備隊。巴頓和休伊特兩位老戰友再度相逢協同作戰，又高興又激動，休伊特熱情地款待了巴頓，並表示他將永遠把第七集團軍與海軍聯繫在一起。7月8日傍晚，部隊集結完畢，一切準備全部就緒，如箭在弦，一觸即發，可是在9日早晨，颳起了大風。休伊特四處尋找巴頓，他想延後登陸。巴頓諮詢了氣象學專家斯蒂爾海軍少校。

這位氣象學專家滿有把0握地回答道：「我敢擔保，到22時，風就會平息下來。」22時30分，只比預測晚了半個小時，海平靜下來了，當「蒙羅維亞」號來到西西里島的海岸時，風幾乎停了。巴頓夢寐以求的時刻到來了，所有人員都集合在甲板上，巴頓發表了簡短講話。海軍向巴頓贈送了一面美國第七集團軍的新軍旗，這是除海軍將領外得此榮譽的第一人，巴頓流下了激動的淚水。

1943年7月10日凌晨2時45分，西西里戰役開始了。空降部隊首先發動攻擊，美軍第八十二空降師和英第一空降師的5,400名官兵搭乘366架運輸機和滑翔機從突尼斯出發，飛向西西里島。

10日凌晨3時45分，巴頓和蒙哥馬利指揮的16萬美英登陸大軍分乘3,200艘軍艦和運輸船，在1,000架飛機掩護下，在西西里島的西南部和東南部實施登陸。

海岸意軍士氣低落，僅進行了微弱抵抗。至中午時分，巴頓和蒙哥馬利的部隊順利地登上了各自的目標灘頭，並保持著攻擊態勢。奪取灘頭的戰鬥十分順利，3處登陸地點在一開始僅遭到

了微弱抵抗。巴頓和蒙哥馬利指揮的這次登陸初戰告捷，不過是整個西西里的序幕，決定性的戰役還在後頭。義大利 66 歲的古佐尼將軍是一員沙場老將，在強兵壓境之際並沒有驚慌失措。

古佐尼將軍對形勢作了冷靜的分析和判斷，果斷下令守在尼斯切米和卡爾塔吉羅內的坦克部隊，還有德國裝甲部隊，一起向杰拉登陸的盟軍發起反擊，乘他們立足未穩將其趕下海去。

8 時 30 分，意軍的坦克隆隆地向杰拉開來了，儘管它們都是一些老式的輕型坦克。但是，由於美軍的重武器還沒有運到，手中的輕武器無法抵擋它們，被紛紛逼到街道兩旁的樓房裡隱蔽起來。突擊隊長達比中校見勢不妙，跳上自己的吉普車返回碼頭，把剛剛運到岸上的一門火炮搬到了自己的車上。然後很快轉回，進行還擊，終於把意軍的第一次衝鋒擊潰了。中午，古佐尼將軍決定集中兵力奪回杰拉，意軍曾一度摧毀了美軍的前哨陣地，衝到接近海灘的沙丘地帶。在此關鍵時刻，美國海軍的艦炮再次發揮威力，使敵軍的幾次攻勢嚴重受挫，被迫撤退。

第一天的戰果使巴頓非常滿意，但巴頓也清醒地意識到，美軍的當務之急是把火炮和坦克趕快運上岸，否則，如果第二天敵人的裝甲部隊發動全面反攻，後果將不堪設想。

因此，他命令第二裝甲師和第十八團迅速做好戰鬥準備，並決定第二天親自登陸指揮作戰。結果正如巴頓預料，古佐尼將軍下達了命令，天一亮就對杰拉發起突擊。6 時 40 分，德軍中型坦克衝破了步兵第一師第二十六團第三營的陣地，正在向美軍的縱深發展。還好巴頓親自出馬，指揮戰鬥，終於抵擋住了敵人的進

攻。這天巴頓在火線上連續指揮了 9 個小時。

7 月 12 日，巴頓的第七集團軍繼續穩步推進，在以後的 3 天時間裡，陸續攻占了科米索、比斯卡和蓬蒂・奧立佛 3 個機場，灘頭陣地的最後目標也已占領。

第四十五師占領了西西里的軍事重鎮、古佐尼將軍的司令部所在地恩納。這原本是蒙哥馬利第八集團軍預定攻占的目標，現在卻被進展快速的巴頓搶先一步占領了。而蒙哥馬利第八集團軍，卻讓人有點失望。他們不但進展緩慢，而且一度被堵住了去路，走不動了。

一舉拿下巴勒莫

　　英國將軍蒙哥馬利，是一個與巴頓性格差別很大的軍事家。所以，蒙哥馬利做事過於穩重，為了不遭受失敗，他即使是以讓敵軍逃脫為代價，也在所不惜。正是因為這樣，蒙哥馬利的步伐總顯得慢吞吞的。由於蒙哥馬利優柔寡斷，使軸心國得以調兵遣將，形成了堅固防線。蒙哥馬利選擇了處於山另一側的 117 號公路，打算轉移主攻方向，但 117 號公路是美軍第四十五師的通路。怎麼辦？蒙哥馬利施展他的通天本領說服了亞歷山大。於是一道命令傳給巴頓，要他讓出公路。好發脾氣的巴頓這次卻一改以前的壞脾氣，他竟然一言不發地無條件地執行了命令。

　　其實，巴頓並不是真正想給蒙哥馬利一個機會，而是他看到由於他的競爭對手的遲延，他的機遇不期而至，他不想透過一次毫無意義的爭吵而喪失良機。

　　向北的通路沒有了，第七集團軍只有向西進展。這時，亞歷山大的政策也開始向巴頓的第七集團軍傾斜。

　　1943 年 7 月 17 日，巴頓去拜訪他，他完全替巴頓解開了套在身上的繩索，巴頓可以放手去幹了。解除了束縛手腳的枷鎖，巴頓立即大刀闊斧地行動起來。巴頓他把第三師、第八十二空降師和第二裝甲師組成了一個臨時暫編軍，由凱斯將軍指揮，對巴勒莫實施決定性的攻擊。必要時，由布雷德利率領第二軍橫穿西西里島中心從東面攻打巴勒莫，或有可能，折向東面攻打墨西

一舉拿下巴勒莫

拿。7月19日，巴頓下令，快速挺進，5天之內拿下巴勒莫。暫編軍各部隊立即向前推進。20日，巴頓又下令組成一支特遣隊，用於攻占卡斯特爾維特拉諾，並把第二裝甲師調上來參加決戰。

21日，達比指揮的特遣隊占領了卡斯特爾維特拉諾。22日，達比的特遣隊沿海岸線揮師西進。第二裝甲師也投入了行動，向東北迅速推進到巴勒莫郊外。與此同時，特拉斯科特的第三師強行軍從科列奧奈趕到東南的陣地。暫編軍閃電般地抵達巴勒莫，使城內守軍驚慌失措，根本無法組織任何有效的抵抗，投降成了唯一的出路。凱斯將軍命令第二裝甲師開進城內，並指示特拉斯科特將軍派第三步兵師的部隊去保護重要設施以防破壞。當晚22時，兩名誠惶誠恐的義大利將軍代表該城守軍向凱斯將軍表示投降。午夜時分，巴頓乘車進入巴勒莫，凱斯和加菲在市中心的四角廣場迎接他。公路兩邊站滿了人，他們高呼「打倒墨索里尼！」和「美國人萬歲！」的口號。巴頓進城時，城裡的情景與剛才的村子差不多。在天黑前入城的軍官中有凱斯將軍。

市民們把鮮花放到美軍經過的路上，並捧出很多的檸檬和西瓜，險些把他們撐死。24日，巴頓返回阿格里琴托的集團軍指揮所，在一座寬敞的混凝土建築的大廳裡舉行了記者招待會。

巴頓笑容可掬地大步走進會場，一雙藍色的眼睛閃爍著勝利的神采。他身著一件定做的馬褲呢襯衫和緊身馬褲，腰間吊著一支柄上鑲有珍珠的手槍。

「先生們，」他說，「我們走了300多公里的崎嶇道路才到巴勒莫。我們推進速度之快，以及我們所經路途之艱難，比起德國

人所經歷的一切都有過之而無不及。我們沒有給他們一絲喘息的機會。」

然後，巴頓向記者公布了巴勒莫作戰的統計數字。俘獲敵軍 4.4 萬人，打死打傷 6,000 人，擊落敵機 190 架，繳獲大砲 67 門。美軍在四天時間裡推進 300 多公里，僅傷亡 300 餘人。

亞歷山大及時發來電報：「這是一個偉大的勝利，你們做得漂亮極了，我向你和你的全體優秀官兵致以最衷心的祝賀。」巴勒莫戰役的勝利，在國際上也產生了巨大的反響，極大地鼓舞了同盟國的士氣，並迫使墨索里尼於 7 月 25 日被迫辭職。巴頓又一次名揚四海，人們一致肯定了他的進攻精神，還有他越來越成熟的指揮藝術。

艾森豪威爾將軍也對巴頓在巴勒莫戰役中的表現，進行了高度評價，他這樣說：「他的迅速行動很快使敵人只剩下默西納一個港口，它挫傷了龐大的義大利軍隊士氣，並且使巴頓的部隊能夠由西部進攻，以打破東線的僵局。」

攻克默西納

巴勒莫戰役結束後，默西納迅速成了孤島，於是拿下這個孤島，便成了整個西西里戰役中的具有決定性的一戰。巴頓的第七集團軍很快就開到了默西納面前，他希望自己能走在英國人前面，拿下這個港口城市，從而使西西里戰役早日結束。1943 年 7 月 31 日，巴頓高擎自己的指揮刀，下達了進攻默西納的命令。布雷德利將軍指揮的第二軍包括第一師、第三師和第九師都對巴頓的進攻給予了有力增援。第二軍從聖斯蒂勞諾到米斯特雷塔，以及尼科西亞一線，沿 113 號和 120 號公路發動主攻。在德軍寸土必爭的抵抗下，巴頓的第七集團軍推進緩慢，隨後一週內戰況的發展，把巴頓弄得焦頭爛額。8 月初美軍不僅未能夠突破德軍設置的防線，反倒遭到重大傷亡，戰役計畫難以按時完成。更重要的是蒙哥馬利已經取得重大進展，如果美軍戰況仍無好轉的話，美軍就得為未完成戰役任務受到世界的指責，巴頓就注定成為這場競爭的失敗者。

8 月 6 日，巴頓把自己的營地移到海邊一片橄欖樹林中，此時已在敵軍炮火射程之內，砲彈不時在山谷中爆炸，彈片呼嘯地飛過樹林。

巴頓策劃了這次軍事行動。他之所以遷移到海邊，主要就是為了能就近指揮這次戰鬥。巴頓命令第三十步兵團第二營改編成一支小型的水陸兩棲部隊在聖阿加塔以東大約 3 公里的海岸登

陸。8 月 7 日夜間第二營開始進攻，到 8 月 8 日凌晨 4 時，業已占領陣地，把戰線向東推移了近 20 公里，迫使德軍不得不迅速後撤。8 月 10 日，第三師接近布羅洛，預定在布羅洛同伯納德中校的海上登陸部隊會合。但是，特拉斯科特的前進速度不夠快，無法按時抵達布羅洛，於是會同布雷德利懇求巴頓延後一天登陸。

這使巴頓心急如焚，德軍似乎已經覺察出盟軍的動態。同時友軍蒙哥馬利已經由東海岸繞過埃特納火山，面前的義大利軍隊已是不堪一擊，他馬鞭直指默西納。

巴頓認為計畫不能再拖延了。在巴頓的鼓動下，兩棲登陸戰役終於如期進行。巴頓的確是在冒險，當天 9 時 30 分，德軍開始反擊。

13 時 40 分，伯納德請求援助，但是第七步兵團和第十五步兵團離指定位置還很遠。18 時 30 分，伯納德命令部下給海軍讓路，表明已經準備撤退了。巴頓面臨著輸掉這場戰鬥的危險。幸運的是援軍在緊急關頭終於趕到，22 時，消息報到巴頓處。

巴頓終於鬆了一口氣。他整整一夜不曾闔眼。這場戰鬥對於美軍，對於他本人來說，關係實在重大。第二天凌晨，哈金斯上校給巴頓打來電話報捷，原來襲擊獲得圓滿成功。8 月 17 日，特拉斯科特將率領第七集團軍第二師首先進入默西納，並很快控制了局面。10 時 30 分，巴頓身穿漂亮的華達呢軍裝，乘坐有三顆銀星的指揮車，以征服者的姿態進入了默西納城門。默西納戰役，巴頓再次表現了自己的卓越軍事才能，甚至他的英國盟友們，也開始非常佩服他。

賣力扮演欺騙敵人的角色

　　巴頓將軍在西西里和北非兩大戰役中的出色表現，已經引起德國人的恐懼和尊重。

　　巴頓成了第二次世界大戰中的一顆耀眼明星，他的出現，總能引起人們的矚目，甚至軸心國的軍隊只要知道他的方向，立即就會部署重兵，時刻防備這個可怕的敵手。

　　正是由於這個原因，華盛頓方面開始準備利用巴頓的「明星」效應，專門吸引敵人的注意力，從而迷惑敵人的視線，進行有效的打擊。

　　這時，巴頓開始在地中海頻繁露面，他其實是給德軍一個假訊息，以掩護盟軍一個全新的「霸王」計畫。

　　「霸王」計畫是一個在歐洲開闢第二戰場的計畫，目的是徹底打敗希特勒。

　　圍繞這一問題，蘇、美、英三國進行了長時間的爭論，最終盟軍決定至遲在 1944 年春，在歐洲開闢第二戰場，行動代號為「霸王」。

　　大洋彼岸的德軍統帥部，密切注視著盟國的動向，很快就報告了希特勒。希特勒命令情報機構注意敵軍重要人物的行蹤，以此摸清有關「霸王」作戰的計畫內容和意圖所在，其中，還特別提到巴頓。巴頓這時正在英國，他正急不可耐地等待著捉摸不定的命運對他的安排。1 月 26 日，巴頓來到倫敦，並見到了艾森

豪威爾將軍。「喬治，我猜你知道你要幹什麼。」艾森豪威爾用略帶玩笑的口吻對巴頓說。「艾克，我確實不知道。」巴頓有些迷惑。「喬治，我想把我的老部隊，第三集團軍交給你。」艾森豪威爾變得嚴肅起來，繼續說：「第三集團軍正在前往英國的途中，到時我會讓人通知你的。」會見最後，艾森豪威爾告訴巴頓：「你的具體任務將由布雷德利決定和傳達。」

巴頓見到了布雷德利，在北非突尼斯之戰中，布雷德利擔任巴頓第二軍的副軍長，在西西里戰役中，他又在巴頓手下任第二軍軍長。

布雷德利能打善戰，而且為人穩重謙和，不像巴頓那樣魯莽衝動，因此艾森豪威爾在選擇參與「霸王」戰役指揮工作的人選時，選擇了布雷德利擔任美軍部隊的總指揮。

同時，艾森豪威爾也知道，美軍少不了巴頓這員虎將，所以決定任命其為第三集團軍司令。布雷德利交給巴頓兩項同時進行的任務，一是接管第三集團軍，二是在「堅韌」行動中擔任主角。「堅韌」行動本身就是霸王計畫的一個煙霧彈，該計畫的目的在於使德國人相信，同盟國的主攻地點是英吉利海峽較窄水域對面的加萊地區，而不是諾曼第，具體進攻時間在 7 月分以後。

同時，在諾曼第登陸正式開始後，還要讓德國人以為這只是一場牽制性進攻，是為了掩護在加萊的更大規模的進攻，從而把 25 萬德軍牢牢地吸引在塞納河以北，使之不能支援諾曼第。

為了讓德國人深信不疑，「堅韌」計畫要求組成一支英國第四集團軍，由安德魯‧索恩中將指揮，造成一種英國準備從英格

賣力扮演欺騙敵人的角色

蘭港口對挪威南部發起進攻的假象。

同時，還虛設一支由 12 個師組成的美第一集團軍群。

為加強其欺騙性，這個第一集團軍群司令必須是在德國人看來理所當然的人物，還有誰能比等候處置的巴頓更適合這一職務呢？

3 月 20 日，盟軍最高司令部發表公告，宣布免去巴頓第七集團軍司令一職，另有任用。

關於巴頓的情報迅速傳到德國，當時，德國間諜發回來的情報說，巴頓麾下有兩個集團軍，分別稱「巴頓集團軍」和「第九集團軍」，德國情報機關對此深信不疑。

甚至當第三集團軍終於打著自己的旗號投入戰鬥時，德國的戰鬥日誌上，仍稱其為第九集團軍。

第一集團軍群司令部設在肯特郡多佛爾附近，與加萊隔海相望。它實際上無一兵一卒，只有一些無線電收發人員。

蒙哥馬利的第二十一集團軍群的電報都是先發到這裡，再由這裡轉發各地。

德軍電訊偵察部門發現，多佛爾一帶的無線電通信量具有一個集團軍群司令部的規模，由此認定了英格蘭東南部為盟軍集結重點。

第一集團軍群有真實可信的編制，並有足以亂真的假營房、假坦克、假醫院、假油庫。

結果，偶爾幾架德國偵察機溜到英倫上空後，很快就發現似乎確實有一支規模龐大的軍隊正在集結。

對於「堅韌」計畫的意義，巴頓心裡十分清楚。但是，巴頓並不喜歡做配角。

　　對於新使命的不滿，並未影響巴頓忠於職守。對這項欺敵工作，他做得很賣力，並很快精通了這項工作。

　　巴頓在英國四處招搖，處處把自己的名字掛在嘴上，但每次說話時，他又總要提醒：「我在這裡是個祕密，請不要提我的名字。」

　　「堅韌」計畫最終取得了良好的效果，由於巴頓一直是德軍重點注意的目標，再加上他的卓越表演，使德軍確認，美軍主力將由巴頓指揮，他所出現的地方，一定就是盟軍未來主攻方向。

　　到諾曼第登陸開始後，德軍還在加萊留下了整整一個集團軍，他們一直在等待著巴頓的出現。

　　結果，盟軍卻在另一地方，偷偷地上岸了。

超前設計「第三計畫」

「堅韌」計畫對巴頓來說，真是一樁無可奈何的差事，日子過得非常無聊。尤其是第三集團軍司令的真實身分，與第一集團軍群司令的假身分，幾乎沒有什麼區別，更是讓巴頓上火。1944年1月28日晚，巴頓終於見到了自己手下的第一批人馬，那是由愛德華上校領導的一個小組。上校向將軍匯報了第三集團軍的情況，同時也以好奇的目光觀察著這位第三集團軍未來命運的主宰。對巴頓來說，第三集團軍並不陌生，在1941年夏天的大演習中，他曾經與這支部隊打過交道。不過，美國投入戰爭以後，在將近兩年半的時間裡，第三集團軍一直在本土進行軍事訓練，沒能來到歐洲。在老司令官克魯格將軍的精心調教下，第三集團軍成為一支吃苦耐勞、作風頑強的部隊，只是缺乏實戰經驗。巴頓接任第三集團軍司令後，做的第一件事是組建自己的司令部。

司令部設在納茲福德的一個男爵莊園，這裡林木茂密，芳草萋萋，一片田園風光。巴頓要求參謀團隊是他個人的延伸，他用人的標準是忠誠第一，才能第二。

1月31日，巴頓向老朋友、即將接任第七集團軍司令的帕奇將軍提出把自己的原班人馬帶到第三集團軍去的請求，帕奇將軍爽快地答應了。

於是，巴頓和他在北非和西西里的參謀團隊又在倫敦團聚了。巴頓的參謀團隊成員參差不齊，總的說缺乏擁有特殊才能的

個體，但作為一個整體，他們卻像一架精密的儀器。在這裡，沒有浮華和虛假的作風，每個人都默默工作，有條不紊。第三集團軍下轄四個軍：彌德爾敦的第八軍、海斯里普的第十五軍、庫克的第十二軍和沃克的第二十軍。當這些部隊陸續到位以後，巴頓立即投入了緊張的訓練工作。為了讓第三集團軍能夠打硬仗、打大仗，巴頓一方面對他們進行作戰技能訓練，另一方面，他花了更多的精力去整頓作風和紀律。第三集團軍在巴頓的旺火冶煉下，由一塊好鋼變成了一把利劍，一把隨時準備出鞘飲血的利劍。巴頓是個敏感的人，他雖然領導著一支集團軍，卻始終認為自己無所作為。

特別是，巴頓實際上被排除在「霸王」行動的籌劃工作之外，他和第三集團軍今後的命運是由別人來決定的，這一點讓他覺得很不是滋味。

可是，為了不失去參戰的機會，巴頓只能把這一切默默地放在心底。這對心直口快、富有鮮明個性的巴頓來說，不啻是個難以忍受的心理重負。

在巴頓灰心喪氣的這段時間裡，「霸王」計畫已逐漸成形。

「霸王」計畫規定的戰役目標是一個明確而有限的目標，登陸目的在於，奪取並確立一塊在法國大陸的灘頭占領區，然後進一步擴大戰果。

登陸將分兩個階段進行：

第一階段行動代號為「海王星」，主要指最早的登陸戰役，包括在「卡昂地區開闢飛機場和占領瑟堡港」。

超前設計「第三計畫」

　　第二階段才是「霸王」戰役的重點，要求擴大第一階段的戰果。

　　在第二階段，包括布利陀半島、盧瓦爾河以南的所有港口以及盧瓦爾河和塞納河之間的地區。

　　「霸王」計畫規定戰役時間為 90 天，至於 90 天以後，即下一階段怎樣行動，沒有擬定預案。

　　同時，計畫還明確指出，最初的登陸戰役由美第一集團軍和英第二集團軍聯合實施，這兩支集團軍受蒙哥馬利將軍領導的第二十一集團軍群統一指揮。

　　計畫對巴頓和第三集團軍做了如下安排，他們將在登陸日開始後 15 天至 60 天之間越過科唐坦半島登陸。

　　看了這份計畫後，巴頓只能報以苦笑，因為在登陸西歐那個永載史冊的日子裡，他不能親自指揮一支作戰部隊，而仍留在英格蘭擔任那個可憐的騙局中的主角，對此他只能報以苦笑。

　　唯一值得欣慰的是，計畫明確了他和第三集團軍的作戰任務，表明這次戰役還有他的份，這使巴頓還沒有完全失望。

　　欣慰之餘，巴頓感到計畫還有某種缺陷，回到第三集團軍司令部，巴頓對腦子裡的問題進行了苦思冥想，最後終於發現了癥結所在。首先計畫沒有關照下一階段，它僅僅停留在占領擴大灘頭占領區上，而沒有想到德軍可能會遭到決定性失敗。還有計畫中的英軍方案過於樂觀，因為英軍的對手將是德軍主力，他們很可能被德軍阻住，無法前進，甚至可能被打敗。出現這種情況怎麼辦？計畫中也沒有提及。巴頓立即行動起來，他設計了一個

自己的計畫，並命名為「第三計畫」。然後，巴頓把這份計畫交給了艾森豪威爾的參謀長比特爾‧史密斯，想透過他將該計畫轉呈艾森豪威爾。誰知該計畫竟如石沉大海，巴頓知道別人不歡迎自己開口，索性也就不再理會此事，集中精力去訓練他的第三集團軍。

創造快速出擊奇蹟

　　1944 年 6 月 6 日凌晨，世界反法西斯戰爭開始開闢第二戰場，諾曼第登陸戰役正式打響。首先，2,395 架運輸機和 847 架滑翔機從英國的 3 個機場起飛，載著 3 個傘兵師在夜幕下於諾曼第著陸。伴隨著黎明時的曙光，美英空軍駕駛著 3,000 架次飛機，如密集的蝗蟲一樣，出現在德軍海岸防線上空。隨著黑色的砲彈不斷地從空中墜落，德軍的海岸防線到處是火光沖天，地面的煙霧讓那裡的一切變得模糊不清。同時，6,000 多艘艦船浩浩蕩蕩橫渡英吉利海峽，各種艦炮猛轟沿岸敵軍陣地。霎時間，諾曼第山搖地動、火光沖天，直炸得德軍魂飛天外、鬼哭狼嚎。6 時 30 分，美軍第七軍第四師開始在猶地海灘登陸。美軍第五軍第一師從奧馬哈海灘登陸。英軍第二集團軍於 7 時 20 分開始登陸。盟國大軍神兵突至，打得德軍猝不及防。

　　在戰役的最初階段，德軍未能組織起有效的防禦，結果盟軍以比較小的代價奪取鞏固了 3 個登陸場，並在 6 月 8 日將它們連為一體。

　　如夢初醒的德軍，很快調整好了防禦並展開了積極的反攻，試圖將登陸的盟軍通通趕下大海去餵鯊魚。交戰雙方在諾曼第一帶展開了激烈的廝殺，戰役呈現膠著狀態。經過一天激烈戰鬥，第二天，英美灘頭陣地連成一片，盟軍初步建立了穩固的灘頭陣地。諾曼第海岸炮火連天、戰事正酣，但美軍的頭號猛將巴頓卻

仍然待在遠離戰場的英國中部地區，連火藥味都聞不到。巴頓心急如火，像熱鍋上的螞蟻坐立不安。他擔心自己在投入戰鬥之前，戰鬥就結束了。艾森豪威爾之所以繼續讓巴頓在英國按兵不動，一方面是由於巴頓的任務不是搶占灘頭陣地，而是向內地擴張戰果。

另一方面，也是為了繼續實施「堅韌」誘騙行動，使德軍誤以為巴頓部隊將在加萊地區登陸，從而不敢貿然調動加萊地區兵力增援諾曼第。

6月底，巴頓奉命將司令部從波維爾廳遷往南安普敦以西30多公里處的布雷摩公館。同時，第十三集團軍各部隊也祕密向英國東南部集結。此時，「霸王」計畫的進展因受到德軍抵抗而有所減緩，看來到了關鍵時刻。7月2日，艾森豪威爾打電話給巴頓，希望他火速趕到法國戰線，準備投入戰鬥。巴頓接到通知後，立刻趕往倫敦，料理完各項事務後，於7月6日飛往諾曼第。

巴頓像是一位腰纏萬貫的巨富前往法國旅遊一樣，投入了戰鬥。隨他一起參加這次戰鬥的，還有他的愛犬威利和《諾曼征服史》這一本書。

在4架P-47戰鬥機的護航下，巴頓的C-47飛機破雲穿霧，很快降落在諾曼第海灘。

32年前，巴頓參加完奧運會返回美國途中，第一次光臨此地，現在，為取得戰爭領域的這塊金牌，巴頓再次來到此地。

在布雷德利的司令部裡，巴頓受到了熱情的接待。

但是由於第三集團軍還在集結之中，布雷德利又不讓巴頓參

創造快速出擊奇蹟

與制訂計畫，因此，巴頓在諾曼第仍然只能坐在冷板凳上，心急火燎地關注著戰局的發展。

布雷德利的攻勢只取得了緩慢而吃力的進展，擔負主要進攻任務的美第八軍經過 12 天的激烈戰鬥，只推進了約 13 公里，便難以為繼，停止了進攻。

眼看著自己寄予厚望的攻勢遭到失敗，布雷德利意識到他在科唐坦半島的中部地區打不下去了，決定取消這一攻勢，代之以一個更大膽、更堅定的「眼鏡蛇」作戰計畫。

布雷德利不會把巴頓丟下不管。他決定讓第三集團軍盡快投入戰鬥，他找來了正沮喪不已的巴頓。

布雷德利告訴巴頓：「不要擔心，喬治，我將盡快讓第三集團軍投入戰鬥。」

「眼鏡蛇」戰役原定於 7 月 24 日開始，由於陰雨，空軍無法出動給地面部隊提供火力支援和掩護，被迫延後了一天。

7 月 25 日，也就是進攻歐洲開始後的第七週，天氣好轉。「眼鏡蛇」作戰行動正式開始，艾森豪威爾親臨前線督戰。

在 8 公里長、1 公里多寬的地區，盟軍第八、第九航空兵部隊出動 2,000 多架次飛機，炸彈 4,700 噸。當時的諾曼第一片火海，巨大的煙霧瀰漫在天空。戰鬥進行得如此順利，到 7 月 27 日，「眼鏡蛇」作戰計畫的基本目標已全部實現。

7 月 28 日，布雷德利下令，讓巴頓以第一集團軍副司令的名義到前線督戰，督促第八軍擴大戰果，打開布利陀的大門，並要盡快使第十五軍投入戰鬥。

布雷德利同時指出，第八軍打開布利陀大門之時，就是巴頓的第三集團軍投入戰鬥的時刻。接到命令後，巴頓立即帶著參謀長加菲將軍、第十五軍軍長海斯利普將軍等人前往第八軍司令部。

　　在聽取了第八軍軍長米德爾頓將軍的匯報後，巴頓認為，由於交通阻滯，第八軍的推進速度已經大為減慢，當務之急是使部隊以最快速度抵達阿夫朗什。

　　於是，巴頓立即對部隊進行了新的部署，把兩個裝甲師作為前鋒，快速向阿夫朗什推進。7 月 29 日，兩個裝甲師快速出擊，戰鬥進展之快，令敵對雙方都感到不可思議。到第二天，第四裝甲師就攻占了阿夫朗什，第六裝甲師則攻占了格朗維爾。這樣驚人的速度，與其說是在進行戰爭，不如說是在進行快速的行軍。當別人都在驚嘆於巴頓創造的奇蹟的時候，他卻絲毫沒有驕傲，而是命令部隊繼續向南進攻，準備占領河流渡口。

　　7 月 31 日，巴頓的裝甲師很好地完成了任務，美軍順利控制了朋陀博爾橋。這樣，美軍就可以輕鬆地向西開進布利陀，向南開進盧瓦爾，向東開到塞納河畔。當晚，美軍又奪取了塞納河上的兩個水壩，避免了德軍毀壞放水、阻止美軍行動的可能性。至此，布利陀的門戶大開，勝利就在眼前。

　　接到勝利消息後，布雷德利立刻打電話向巴頓表示祝賀。從此，布雷德利感到他已無法離開巴頓了。共同的作戰實踐使他們之間拋棄前嫌，結成了牢固的友誼，令人吃驚，令人羨慕。

盡顯機動神速戰術風格

1944 年 8 月 1 日，對巴頓來說，是具有重大意義的一天。因為就在這一天，第三集團軍正式地、獨立地、全部地投入了戰鬥。

就在同一天，艾森豪威爾正式接管了盟國地面部隊的最高指揮權，可以對蒙哥馬利的第二十一集團軍群和布雷德利的第十二集團軍群進行統一指揮。

當天，第三集團軍司令部遷到了庫湯斯東南的賓加德。巴頓顯得特別興奮，他特意穿上乾淨整潔的呢子制服，顯得神采奕奕、充滿自信。當時，巴頓把司令部的參謀人員集合到一起，每人斟了一杯白蘭地酒，共同慶祝第三集團軍的誕生。巴頓還專門發表了簡短激昂的祝酒詞，他說：

> 我們將在今天中午 12 時正式投入戰鬥，一個偉大的時刻即將來臨。你們要記住一條座右銘，那就是：果敢，果敢，永遠果敢！我們必須一往無前，揪住敵人緊緊不放，把它打得魂不附體。我相信各位先生會做得非常出色的。

按照原定計畫，第三集團軍的第一步任務就是奪取布利陀，並占領半島上的重要港口。但是，隨著局勢的發展，巴頓認識到，戰場的形勢已經發生了重大變化。透過對戰局的深入考察，巴頓認為，現在戰役的重點已轉移到科唐坦以南、西南和東南的廣闊地域。這也就是說，布利陀實際上已失去了原來重要的策略

意義，降到了次要地位。而且，隨著戰線迅速向前推移，布利陀沿海港口的意義已不像「霸王」作戰計畫所預料的那麼關鍵了。

巴頓建議修改戰役計畫，把主攻方向向左大轉彎，將德軍擠到塞納河邊的一個大口袋裡，然後再拉緊絞索。至於布利陀，只需動用一個軍的力量便足以完成任務。

巴頓的想法未被布雷德利接受，卻為艾森豪威爾默許。憑藉盟國地面部隊總指揮艾森豪威爾將軍撐腰，巴頓決心按自己想法進行下去了。

8月1日下午，第三集團軍按巴頓的計劃投入戰鬥。對原主攻目標布利陀，巴頓只派了第八軍，並限定他們在5天內拿下布利陀最南端的布洛索。

巴頓認為，布利陀的敵人不堪一擊，戰鬥可以迅速解決，5天時間綽綽有餘。為此，巴頓同對此持懷疑態度的蒙哥馬利打了一個賭，賭注是5英鎊，巴頓認為自己贏定了。

巴頓同時規定，在第八軍進入布利陀的同時，第三集團軍其他各軍一律轉向東線作戰。

當天，第八軍在巴頓的親自指揮下，衝過阿夫朗什山口，如下山之虎直撲布利陀。

在布利陀之戰中，巴頓與第八軍軍長彌德爾敦將軍在戰術運用問題上發生了尖銳矛盾。

彌德爾敦是一位步兵出身的優秀指揮官，行動謹慎穩健，喜歡穩扎穩打、步步為營，缺乏風險意識和創新精神。

而巴頓十分重視部隊的機動性和速度，喜歡不間斷地進攻和

盡顯機動神速戰術風格

冒險。他認為，布利陀之敵已成驚弓之鳥，不堪一擊，所以美軍應大膽利用裝甲部隊的機動性和速度，繞過中間目標，向最終目標快速推進。

如果能盡快拿下最終目標布洛索，就算大功告成，肅清殘餘之敵只是易如反掌的事情。

對於巴頓的戰術原則，彌德爾敦既不理解也不願意接受。他們之間的分歧，實際上反映了兩種戰術風格之間的差異和矛盾。

根據自己的作戰原則，彌德爾敦決定步兵在前面推進，裝甲兵尾隨其後予以支援。他命令第六裝甲師長哥洛將軍原地待命。

巴頓知道後，親臨哥洛的指揮所，命令他立即出發，向迪南挺進，進入布利陀，繞過敵人的抵抗，以最快的速度向前推進，爭取在星期六晚之前到達布洛索。

8月2日，部隊進展十分順利，一鼓作氣前進了50多公里。3日，又推進了近50公里，其先頭部隊已經抵達盧代阿克，離布洛索只有160公里了。

就在這時，布雷德利來到第八軍司令部，第八軍軍長彌德爾敦立即向他訴苦。

布雷德利也被巴頓冒險的戰術行動驚呆了，立即讓彌德爾敦向哥洛發去命令，部隊立即集結，原路返回，攻占迪南，為全軍大規模進攻聖馬洛創造條件。

哥洛無可奈何，他只能遵命行事。然而巴頓很快知道了這件事，8月4日11時，正當哥洛與參謀們一起研究進攻迪南的計畫時，怒氣衝衝的巴頓出現在他面前。「這是誰的混帳主意？」巴

頓在咆哮。「是布雷德利和彌德爾敦的命令,將軍。」

「彌德爾敦真是個優秀的步兵啊!從現在起,你不需要理會任何讓你停止前進的命令,除非是我下的。你馬上向布洛索前進,我去替你解釋。記住,讓敵人去擔心側翼,而不是我們。」

「是,將軍。」哥洛一臉欣喜。第六裝甲師立刻行動起來,星夜兼程地趕往布羅斯特。可是,在他們被浪費的 24 小時裡,德軍抓住了喘息之機,布羅斯特的防禦得到加強,美軍後來不得不花 10 天的時間,才拿下這座城市。

約翰·伍德的第四裝甲師遭到了同第六裝甲師相同的命運。不過,在巴頓親自解除了來自彌德爾敦的干預後,該師迅速攻占了瓦恩和洛里昂一線,為全殲布利陀之敵創造了條件。

在這種「颶風式」的作戰行動中,巴頓的集團軍情報隊發揮了重要作用。

其實,巴頓所有那些貌似魯莽、冒險的命令和行動,並不是完全沒有道理的,他做出任何決定之前,都進行了細緻的情報收集工作。絕不是頭腦一熱就做了。

戰役進行到這個時候,巴頓在一開始就預見到的那些事情,開始為盟軍其他高級指揮官所了解。

一切正如巴頓所料,「霸王」計畫確實要做大的修正,美軍的主要任務應是向東推進,進入歐洲腹地。布雷德利也再一次理解了巴頓的價值,現在美軍上下一心,達到了空前的統一團結,將士們的積極性和創造性被充分調動起來。尤其是巴頓,現在沒有人再去干涉他,他可以放開手腳了,他要再次創造奇蹟。既然

盡顯機動神速戰術風格

布利陀已失去策略意義，巴頓就把這個功勞全部轉讓給了彌德爾
敦。巴頓需要的是真正的戰爭，他自己則把目光轉向了更為遙遠
的腹地。一個在法萊斯圍殲德軍的計畫已在他心中形成。

「經典戰役」夢想破滅

盟軍主力改向法國腹地進攻後，最初的進展一直十分順利。

霍奇斯將軍指揮美國第一集團軍，從正面向莫爾坦地區發起強大的攻勢。這裡集中了德軍的精銳第十一空降軍、第八十四軍和第四十七裝甲軍。

雙方的戰鬥進行得異常激烈，不過一時還難以分出上下。

登普西將軍領導的英國第二集團軍，也向莫爾坦發起大舉進攻，進攻的方向是德軍的側翼，這就給予了美國的第一集團軍強有力的配合。

在英美軍隊的左右夾擊的情況下，德軍開始顯得力不從心。首先就是右翼開始潰退，出現了一個巨大的缺口。

巴頓看到了這是一個千載難逢的好機會，立刻調動他的裝甲部隊迅速插進，長驅直入。

至 8 月 6 日，第十五軍已抵馬延河一線，第二十軍到達盧瓦爾河。接著，第十五軍又由東南轉向東進軍，攻占勒芒，與友鄰部隊一起對勒芒以北法萊斯地區的德軍形成合圍之勢。

巴頓欣喜地看到，現在他有可能創造一個戰爭奇蹟，再現歷史上的一次經典戰役，堪尼大捷。堪尼大捷發生在公元前 261 年，是由古迦太基最偉大的軍事統帥漢尼拔發動的。當時，漢尼拔率軍與羅馬軍團在堪尼相遇，雙方的力量對比懸殊，羅馬軍隊幾乎是漢尼拔軍隊的很多倍。可是漢尼拔毫無懼色，冷靜地採取

「經典戰役」夢想破滅

了中路牽制、兩翼迂迴包圍的戰術，合圍並全殲了對手，創造了戰爭史上空前的奇蹟。從此，堪尼之戰作為輝煌的戰例，為一代又一代的軍事家所效仿。正在巴頓思考著怎樣獲得漢尼拔式的榮耀時，他突然得到了一份令人難以置信的情報：德軍準備在莫爾坦地區進行大規模反攻。就軍事常識而言，這無疑是一個孤注一擲、徒勞無功的舉動。但在 8 月 7 日凌晨，德軍仍然按照希特勒的指令開始進攻了。德軍左翼第一一六裝甲師的攻勢一開始就嚴重受挫，始終未能前進一步。德軍第二裝甲師的一個縱隊在進攻中被美軍第三裝甲師迎面擋住了去路。

德軍第一、第二裝甲師向美軍第七、第十九軍的結合部發起猛攻，突入美國陣地。但是不久便遭到盟軍空軍的狂轟濫炸，損失極其慘重，士氣一落千丈，德軍第一天的反攻被有效地遏制了。

這時希特勒命令德軍於 11 日發起第二次攻勢，結果遭到美第一集團軍的迎頭痛擊，8 月 12 日，德軍的反撲徹底宣告失敗。

當德軍把賭注壓到莫爾坦戰役時，巴頓並沒有放棄他的堪尼之夢，利用德軍發動正面進攻之機，第三集團軍按巴頓的命令，對德軍實施了側翼迂迴。

8 月 11 日這一天，美法軍隊向前推進了 24 公里，離阿讓唐只有一半的路程了。

直到這時，德軍統帥部才發現形勢的嚴峻性，意識到有被盟軍合圍的危險，可是為時已晚。然而，就在巴頓指揮大軍長驅銳進，即將對德軍實現合圍的關鍵時刻，一個突然的電話命令，阻止了部隊的前進。打電話的是布雷德利的參謀長艾倫少將，當時

巴頓不在辦公室裡，加菲將軍替他接了電話。

艾倫告訴加菲：「布雷德利將軍讓我通知巴頓將軍，在任何情況下不得超越英、美軍隊的戰區分界線，第十五軍的推進必須止於阿讓唐到塞厄斯一線。」

原來，英美雙方雖然聯合對德作戰，但彼此間的對立情緒也很嚴重。在制訂這一兩翼迂迴計畫時，雙方曾確定以阿讓唐為分界線，在那裡會合完成合圍。

但是，由於英軍方面遭到了德軍極其頑強的抵抗，當巴頓到阿讓唐時，英軍仍在很遠以外挪進。形勢很清楚，如果巴頓繼續進攻，那麼整個法萊斯將成為美軍的盤中大餐。布雷德利有理由擔心這會激化已有的對立情緒，甚至不排除在美軍越過戰鬥分界線時，兩軍之間發生衝突。另外，布雷德利同巴頓不同，在軍事思想上，他是穩健派，是側翼安全論的堅定信奉者。布雷德利認為，如果讓第十五軍向法萊斯推進，該軍戰線將突然加長 60 多公里，兩翼完全暴露，很容易被德軍攔腰切斷。當加菲將軍將這一命令轉告給巴頓時，巴頓一下子驚得目瞪口呆，他絕對無法相信這個荒唐透頂的事實。事關重大，巴頓可不想自己的進攻隨便被打斷，他不想失去這樣好的機會。

所以，巴頓立即給第十七軍團群打了電話，強烈請求進攻，巴頓的請求被轉到布雷德利那裡。

布雷德利就巴頓的請求同艾森豪威爾一起進行了商量，艾森豪威爾經過考慮以後，同意了布雷德利的主張，並立即親筆簽發了停止前進的命令。

「經典戰役」夢想破滅

就這樣，巴頓的請求被無情地徹底否定了，他只能在阿讓唐陣地上，坐等著加拿大集團軍前來會合。結果可想而知，8 月 19 日，當美軍與加軍會師完成合圍之後，40,000 多名德軍成功地從包圍圈中突圍出去。巴頓創造軍事奇蹟的夢想最終還是一個夢想。不過事後，布雷德利也認識到了自己的錯誤，並為此感到深深的內疚和自責。不過，現實就是現實，懊悔是沒有用的，對巴頓以及盟軍所有將士來說，法萊斯已成為過去，他們只能把目光投向了新的戰鬥。

難以置信的輝煌戰績

1944 年 8 月 14 日，巴頓的第三集團軍已經在法國正式參戰兩星期了。在這兩星期裡，他們從阿夫朗什向東推進了 240 公里，解放了大片法國領土。

巴頓對於自己在這兩週裡的成績還是非常滿意的，他自豪地宣稱，第三集團軍比有史以來的任何其他軍隊都前進得更快、更遠。

不過，雖然已經參戰兩週了，他的軍隊卻還沒有被官方正式公布，也就是說處在一種無名的狀態。

然而，就在這一天，艾森豪威爾終於正式同意，巴頓及其第三集團軍結束了祕密狀態。

其實這不過是一個形式的問題，德國方面早就知道自己面對的對手是誰了。他們還不至於蠢到打了兩週還不知道對手是誰的地步。

很快，報紙和廣播中充滿了巴頓和他的部隊勝利進軍的消息以及對他們輝煌業績的頌揚，美英兩國各界人士都高聲為巴頓喝彩叫好。

各個報刊、電臺的記者紛至沓來採訪巴頓，使之受到巨大鼓舞。第三集團軍在一片頌揚喝彩聲中，繼續大踏步地前進。

根據巴頓的計劃，第三集團軍應以最快的速度向塞納河挺進，並以芒特、加西庫爾和埃爾博夫為主要對象進行另一次大包圍，向東直取巴黎。

難以置信的輝煌戰績

　　眼下，戰局的前景對盟軍來說，十分美好，但實際上還存在許多勝負難卜的因素。由於第三集團軍幾乎是在大踏步地前進，它所進行的真正戰鬥並不多，德軍的力量沒有被消滅，局勢仍然是飄忽不定的。在布利陀，德軍仍在幾個港口據點裡負隅頑抗，第八軍被牽制在這裡無法脫身的情況，一直延續至 9 月分。戰局仍然模糊，但這絲毫沒能阻止巴頓按他的戰術思想繼續大踏步前進。

　　1944 年 8 月，巴頓的第三集團軍實施了勝利大進軍，打通了通往巴黎的道路，從三面對巴黎形成了半圓形包圍。巴黎這座世界名城近在咫尺，指日可下。對於巴頓來說，他早就盼望著親自解放這座他所熱愛的千年古城，完成這個令世人矚目的神聖使命。在巴頓心目中，征服巴黎是他軍事生涯中一個重要里程碑。由於種種原因，艾森豪威爾和布萊德雷都主張暫時置巴黎於不顧，快速向東追擊敵軍，爭取把德軍主力部隊殲滅在法國境內，然後回頭收拾這座孤城。據此，布萊德雷命令巴頓的第三集團軍繼續向塞納河全速推進，粉碎敵軍的逃跑企圖。失去解放巴黎的輝煌，令巴頓萬分遺憾。但只好遵從上司的策略意圖繞道前行，揮兵東進。

　　8 月 17 日，第十五軍由德勒向塞納河前進了 40 公里，強占芒特。巴頓的坦克所向披靡，所到之處，德軍風聲鶴唳，一觸即潰，退縮至萊桑德利和奎恩間的塞納河渡口附近。17 日夜間，芒特地區狂風大作。趁著月黑風高，巴頓指揮第七十九師強渡塞納河。德軍對此完全沒有預料，結果，渡河部隊基本未遇到抵抗，第七十九師順利完成渡河任務。第二天，該師又出其不意地攻占

了設在拉羅利的德第十三集團軍群指揮部，並向剛到達這一地區的德軍發起了進攻。20 日拂曉，第五裝甲師開始向西北方向的盧維耶推進。德軍在這裡的防禦力量很弱，但他們利用易守難攻的地形，還是遲滯了第五裝甲師整整五天。與此同時，第十九軍在左翼向埃爾本夫發起進攻，至 25 日，全面占領該城。

上述部隊全部完成任務後，全部撤回了原防區為英國第二集團軍留出一條暢通的大道，以便他們去封閉韋爾農和萊桑德利之間的塞納河地段。

作為「美軍中頂呱呱的打氣人」，巴頓在這段日子裡充分發揚了他「事必躬親」的作風，親自鼓舞士兵的鬥志，鼓勵他們克服困難、勇往直前，將軍們在他的激勵之下，也都親臨戰場，不斷以個人英勇的行為來鼓舞他們沒有戰鬥經驗的部屬。

至 25 日，第三集團軍已在巴黎以南塞納河的上游和特魯瓦河段上占據了 4 個橋頭陣地。這時候，德國人意識到自己再一次面臨被圍殲的危險。整個 8 月下旬，他們拚命向東撤退。由於第三集團軍早已占領了塞納河上的大部分渡口，德軍重武器、車輛的撤退嚴重受阻。結果在奎恩的南面和西南面兩個河道大轉彎處，擠滿了急著過河的德軍和各種車輛。盟軍空軍乘機出動，對這兩個地區進行了大規模的空襲，給德軍造成了滅頂之災，擊毀坦克 200 餘輛，其他各式軍車近 4,000 輛。要不是友鄰部隊動作稍慢，使奎恩缺口未完全封閉，這一仗幾乎要將德軍主力完全吃掉。最後，約有近 30,000 德軍再次逃脫覆滅的命運。在解放法國的令人振奮的日子裡，巴頓及其第三集團一路勢如破竹、銳不

難以置信的輝煌戰績

可當，他們的名字和輝煌業績廣為傳頌、家喻戶曉。

每到一地，巴頓的軍隊都受到法國人載歌載舞的夾道歡迎，狂熱地獻出無數鮮花、美酒和水果，人們高舉著法蘭西的三色旗和美國的星條旗，像孩子一樣歡呼雀躍。

這時，巴黎已經是一座孤島，處於大軍圍困之中。

8月19日，法國愛國人士和地下武裝力量在警察部隊支持下，發動了武裝起義，占據了市內的一些要害部門，迫使德國占領軍妥協停火，現在，進駐巴黎時機完全成熟了。

派誰進入巴黎最合適呢？盟軍最高司令部反覆斟酌，在法國統帥戴高樂將軍的干預下，決定第一支進入巴黎的盟軍部隊必須是具有一個師兵力的部隊。

艾森豪威爾和布萊德雷最終選定了第三集團軍所屬的第二裝甲師，這是一支英勇善戰的部隊，由它來完成對巴黎的解放，無論在軍事上還是在政治上都是十分適宜的。

巴黎成功解放，標誌著「霸王」戰役正式結束。巴頓和第三集團軍在這次大規模戰役中獲得了這樣輝煌的戰績：他們向前推進了800多公里，解放了近4.8萬平方公里土地，斃傷俘德軍10萬餘人，摧毀、繳獲坦克500輛，火炮200門，而他們自己僅付出1.6萬人傷亡的代價。這些令人難以置信的戰績，奠定了巴頓無可爭辯的戰神地位。此刻，巴頓並沒有忘記自己的使命。德國就在前方，戰爭不是解放了法國就結束了，法西斯一天存在，世界就一天不得安定。巴頓盯著作戰地圖，把目光越過塞納河，指向遠方的德國的首都，他要在這個心臟部位插上一刀，徹底結束這場戰爭。

「必勝的計畫」受挫

「霸王」戰役結束以後，第三集團軍下一步該怎麼辦？這是巴頓一直在思索的一個問題。

在廣闊綠蔭覆蓋下的第三集團軍簡陋的指揮篷裡，巴頓正在地圖前來回踱著步。

巴頓的參謀長蓋伊專注地望著地圖。蓋伊聰明、忠實，他是巴頓無話不談的心腹、共患難的戰友、最親密的助手以及和他一起度過最後幾天歲月的忠誠朋友。

忽然，巴頓止住腳步，眼睛裡閃爍著光芒，神采飛揚地說：「我們應當以最快的速度透過齊格菲防線，贏得歐戰的勝利！」

「最快？」蓋伊沉思了一下說，「對！等敵人加強防線以後，再進攻就不是那麼容易了。」

蓋伊深知巴頓，他懂得巴頓把自己全部勝利的希望都投入這個充滿信心的計畫中了。

「我認為一定能夠成功的原因之一是，」巴頓聲音低沉且略帶神祕地說，「根據咱們準確的情報看，在德國人還來不及調兵防守它的今天，它不堪一擊。」

「不錯，將軍！從昨天提審的俘虜那裡更證實了這一點。他們說，齊格菲掩體裡空空如也，門上的鎖已生鏽，看來這條防線目前名存實亡。」蓋伊附和道。

眼下，巴頓已經勾畫出一份戰役的藍圖，這個計畫無論從規模還是內容上看，都是非常驚人的。這個計畫甚至已經使巴頓本

「必勝的計畫」受挫

人都感到吃驚，他把它稱之為「必勝的計畫」。

「必勝的計畫」主要內容是，以第三集團軍3個軍的力量迅速地渡過塞納河去，然後一直向東挺進，穿過德軍空虛的「齊格菲防線」，直抵萊茵河。

而後直搗柏林，力爭在秋雨前把戰場變成無法透過的沼澤之前，徹底贏得歐洲戰爭的勝利。隨後，巴頓將這個計畫送到了布雷德利手裡。這時英美高層也在就進一步的計畫進行討論，8月25日，布雷德利從艾森豪威爾那裡回來了，沒有帶來什麼好消息，艾森豪威爾仍舉棋未定。不過布雷德利這時已經決定，不管最後確定計畫是什麼樣，他得首先越過塞納河去。

根據布雷德利的命令，第三集團軍此時已擁有7個師，它的任務是分成左右兩路，沿巴黎向東的兩條公路幹線平行追擊，目標是梅斯到斯特拉斯堡一線。

這與「必勝的計畫」差距很大，但這個方向卻是該計畫的一部分，巴頓對此還是比較高興的。第三集團軍立刻開始了跨越塞納河的戰鬥。8月26日這一天，巴頓先後視察了第二十軍軍部、第五步兵師、第七裝甲師和第四裝甲師，為他的士兵們打氣。

在這一天的戰鬥中，第三集團軍在所有戰線上大踏步前進，但巴頓並不滿意，因為他看到德軍的抵抗極其軟弱無力，他要求部隊以更快的速度推進。

第三天，巴頓部隊在蒂耶裡堡和沙隆渡過馬恩河，大踏步地進入一覽無餘的平原地區。但是，部隊的燃料和物資供應的缺乏日益嚴重。巴黎被盟軍解放後，一度出現物質供應困難，這個過

慣了豪華、享受生活的城市，陷入一片困頓之中。為了和平與穩定，盟軍尤其是美國方面，大大方方地給那裡的人民運去了糧食、麵粉等物資和新鈔票。就連軍隊十分緊缺的汽油，也送給了巴黎人。然而，勇猛地、快速地向萊茵河挺進的第三集團軍部由於不供給需要的汽油而停步不前。巴頓正經受著等待的煎熬，雖然第三集團軍是一支即使在逆境中也精神十足，戰備觀念從不鬆懈的部隊。

巴頓懇切地向艾森豪威爾請求說：「只要保留給我一點正常的供應，我們就可以打到德國邊界，摧毀那條該死的齊格菲防線，我們要求不高我願以自己名譽擔保！」

艾森豪威爾微笑著拒絕了。接著巴頓再次要求艾森豪威爾給他補充給養，以便攻占齊格菲防線，至少所發給養要跟英國人一樣多。艾森豪威爾還是拒絕了。巴頓仍然不讓步：「我可以在 10 天內到達萊茵河，當然是在補充供給的情況下。這樣可以使上萬人免遭犧牲。」艾森豪威爾還是堅決地搖頭，聲明他的供給實力達不到美英雙方同時受益，他只能輪流供給。蒙哥馬利拒絕艾森豪威爾的平均主義方法，他主張物資集中，供給主攻力量，也就是供給他的部隊。

巴頓說：「蒙哥馬利至今還沒有到達塞納河，他們有我們那種猛衝猛打的能力與勇氣嗎？」

然而，現實就是這樣的無奈，雖然巴頓一再強調，只要有足夠的汽油，他就能很快攻占通往這個防線的渡口！但是，很遺憾沒有人給他汽油！

「必勝的計畫」受挫

8月29日晚，巴頓的先頭部隊在他的帶領下沖過了凡爾登，距離梅斯只有50多公里，距離薩爾河110多公里，從那裡到萊茵河只有160多公里。

8月30日，巴頓在得到盟軍後勤供給的可憐的32萬加侖汽油後，指揮部隊向萊茵河衝去。遺憾的是，第三集團軍的汽油很快點滴不剩。31日下午，他的部隊全部停止了前進。失去了速度，也就失去了搶占有利地位的先機，從而，盟軍失去了一舉殲敵的最好時機。就在這期間，德軍獲得了喘息的機會，迅速建立起有效的防禦體系齊格菲防線，使盟軍將面臨更加艱苦激烈的戰鬥。當巴頓要求允許他突破齊格菲防線的時候，德軍在西線防守力量的薄弱的確達到最低點。當時盟軍的裝備與德軍相比，大砲數量是2.5比1，飛機為22比1，可以說是占有絕對優勢。根據巴頓估計，只需一次戰役就能使德軍遭毀滅性打擊。然而，這種多少有點冒險的計畫，注定不會被盟軍最高指揮官看中。結果德軍又有喘息之機。這次錯失良機，致使反法西斯的勝利延後了8個月。而在這8個月中，盟軍方面損失慘重。就這樣，唾手可得的速勝竟在手中溜去了，成千上萬的人成了無謂的犧牲品。

突破「齊格菲防線」

齊格菲防線是 1939 年希特勒進攻波蘭時，為遏制英法軍隊在德國西部邊境的進攻，構築的對抗法國馬其諾防線的築壘體系。該項目由德國著名的建築工程組織托德機構負責，德國人稱之為「西牆」或「齊格菲陣地」，其他國家多稱之為「齊格菲防線」。構築齊格菲防線的目的是為了掩護德國西線，並作為向西進攻的屯兵場以及支援進攻的重炮陣地。防線工程是 1936 年德國占領萊茵蘭之後開始構築的，至 1939 年基本建成。防線從德國靠近荷蘭邊境的克萊沃起，沿著與比利時、盧森堡、法國接壤的邊境延伸至瑞士巴塞爾，全長達 630 公里。不過，在 1944 年 9 月以前，這一工事形同虛設，在戰爭中並未發揮任何作用，可眼下，它成了盟軍進入德國腹地最大的障礙。1944 年 9 月初，希特勒在齊格菲防線上部署了 63 個師，其中有 15 個裝甲師和裝甲步兵師。鎮守這一防線的是老謀深算的馮·龍德施泰特元帥，他的任務是遏制盟軍的長驅直入，牢牢地控制住防線，並在適當時候向蘭斯實施反攻。

9 月 4 日，一再約束巴頓行動的艾森豪威爾突然間改變了主意，對巴頓大開綠燈，命令他迅速突破齊格菲防線，並向法蘭克福挺進。

因為，此時他已意識到巴頓早就意識到的一個問題：「德國的失敗是注定的，要徹底摧毀它，最重要的是速度。」

突破「齊格菲防線」

戰爭是個瞬間萬變的怪物，有時候差之毫釐，便謬以千里。艾森豪威爾的反應比戰場實際情況慢了半拍，這就為第三集團軍在完成作戰任務的道路上平添了許多障礙。

9月5日，第三集團軍進入了默茲河以東的洛林地區。這是一塊不祥之地，當年法國人曾經在這片土地上經歷過兩次屈辱和噩夢般的失敗。

第三集團軍的對手是德第一集團軍。德第一集團軍的七個裝甲師和一個裝甲旅在第三集團軍正面設置了一道堅固的防線，這是德軍這一地區防線上最堅固的盾。

最鋒利的矛對最堅固的盾，這將是一場勢均力敵的較量。9月5日拂曉，第三集團軍的進攻開始了。

巴頓很快發現，他的部隊正在啃一塊硬骨頭。隨心所欲地大踏步前進，在這裡已變得不可能了。

巴頓的部署是由第十二軍打先鋒，越過摩澤爾河，占領南錫並準備繼續進軍曼海姆和萊茵河。

經過兩天激戰，參加戰鬥的步兵第八十師和第七裝甲師無尺寸之功，未能渡過摩澤爾河。

第三天，德軍甚至反守為攻，占領了馬爾巴什。在梅斯、多爾諾等地，第十一步兵師和第七裝甲師則被敵人猛烈的炮火壓制在各自的陣地上。

直至12日，第七裝甲師終於渡過摩澤爾河，進入阿諾威爾的橋頭陣地，第八十師在迪厄盧阿強渡成功，第四裝甲師則擴大了南錫以南的洛雷橋頭陣地。

此時，由於第三集團軍的猛烈進攻，把大批德軍吸引到了這一地區。正在第三集團軍陷入苦戰之際，第一集團軍迅速插向齊格菲防線，並在可布倫茲附近占領萊茵河渡口。

巴頓的對手絕非平庸之徒，9 月 18 日，德軍先於第三集團軍發動了全面進攻。由於美軍忙於進攻準備，沒料到德軍會有這一手，結果被打了個措手不及。呂內維爾的美軍險些被趕出城，幸虧第四裝甲師及時馳援，才穩住陣腳。德軍的進攻打亂了巴頓的部署，進攻被迫改到第二天。在第三集團軍的強大攻勢下，德軍開始後退。巴頓雄心勃勃地準備在 10 天內攻破齊格菲防線，進入德國境內。正在這時，艾森豪威爾擊碎了他這個夢。盟軍後勤系統此時已不堪大規模進攻的重負，艾森豪威爾決定第三集團軍則在原地暫時轉入防禦。巴頓沮喪到了極點，對他而言，戰爭似乎已經結束了，他甚至想轉到亞洲太平洋戰場上去。1944 年 10 月 18 日，歐洲盟軍最高司令部在布魯塞爾召開了軍事會議。其中第三集團軍的任務是，在後勤條件許可的情況下，從沃爾姆斯和美因茲之間渡過萊茵河。巴頓對部隊官兵進行了戰鬥動員，他慷慨激昂地說：

> 萊茵河距此有 200 多公里，如果我們這支部隊能夠勇猛兇狠地展開進攻，迅速插入敵軍防禦空虛的地點，那麼，戰爭在我們到達萊茵河之前就結束的可能性是很大的。
> 因此，我們在進攻時，要拿出拚命的氣勢來，前進，前進，再前進！

第三集團軍的進攻定於 11 月 8 日進行。5 時，400 門大砲同

突破「齊格菲防線」

時向敵陣地猛烈轟擊，火光映紅了天際，大地劇烈地顫抖。炮火準備過後，擔任主攻的第九十師很快打過摩澤爾河，突破了工事堅固的柯尼希斯馬克爾地區和馬其諾防線。第十裝甲師緊隨步兵的先頭突擊部隊，一路向北推進。6 時，第十二軍也開始從薩爾直接挺進，第八十師的三個步兵團在北翼齊頭並進一馬當先。10 時，盟軍數百架轟炸機飛臨上空，對敵陣地實施狂轟濫炸。剎那間，地動山搖、驚心動魄。隨後，裝甲部隊以迅猛之勢向敵軍撲去。當天下午，所有部隊均順利到達預定目標。

以後一段時間，天氣變得陰雨不斷。第三集團軍在巴頓的指揮下，盡可能使用炮火支援、實施狹小正面的進攻，在困難重重的情況下，依然穩步前進。

11 月 22 日，美軍順利攻克了梅斯，正是這座要塞存在 1,300 多年來第一次被強攻占領。以後的戰鬥，照樣沒有出現大踏步前進的情況，第三集團軍的戰役特點變成了小部隊進行的小規模戰役。在同眼前頑固的德軍的作戰中，巴頓只能逐村逐河、逐個碉堡地進行爭奪，只能以緩慢的速度向前推進。

新的攻勢發起一個月後，第三集團軍終於攻破德里安堡壘群。至 12 月中旬，巴頓終於率領部隊突破了「齊格菲防線」，並控制了德國重要的工業區薩爾盆地。

至此，盟軍在兩條主要戰線上均成功地突破了齊格菲防線，進入德國心腹地區。可以說，只要盟軍的匕首順利插進德國的心臟，德國就只有投降了，一切看起來太順利了。可是，就在這個時候，一個驚人的消息傳來：德軍在阿登地區發起反撲，盟軍陣

腳大亂。這是德軍最後的無力一搏，還是有預謀的大規模反攻呢？不管如何，新的戰鬥開始了。

粉碎敵人的最後希望

1944 年 12 月中旬的時候，正是北半球的冬季，一場鵝毛大雪從天而降。當時阿登地區氣溫驟降，地面積雪厚達 13 公分。12 月 16 日一大早，薄霧尚未消散，美第八軍將士睡夢猶酣。突然間，震耳欲聾的炮聲打斷了他們的酣夢。美國第八軍將士睜眼一看，發現有近 20 個師的德軍如潮水般地向他們湧來。

齊格菲防線雖然沒能阻住盟軍，但卻遲滯了他們的進攻速度，就連一向以高速推進著稱的第三集團軍，也失去了往昔神采，3 個月裡只推進了 80 公里。

這給希特勒爭取了足夠的時間，拋出了他的殺手鐧。阿登地區，位於法比邊境中段，德軍曾在此成功地對法國實施了突擊，演出了軍事史上極為成功的一幕。希特勒想在這裡再創造一個奇蹟，挽救危局。阿登地區是一個山陵起伏的叢林地帶，美軍在那裡的人數並不多，因為他們要在沿著進入德國的平坦道路上集結最大兵力。阿登山區是霍奇斯的第一集團軍和巴頓第三集團軍的接合部，這裡有近 120 公里寬，但只有米德爾頓缺編的第八軍把守，兵力十分薄弱。

17 日 5 時 30 分，德軍 2,000 門大砲一齊向第八軍陣地瘋狂轟擊，隨後，兩個裝甲集團軍，13 個步兵團組成的第七集團軍共 20 萬兵力，潮水般向毫無防備的美軍第八軍洶湧而來。

第八軍立時陣腳大亂，無法組織有效的抵抗。

希特勒的這次反攻，安排得非常周密，但他唯獨沒有考慮到巴頓。12月18日下午，布雷德利召集巴頓去他的司令部舉行緊急軍事會議。

巴頓一到，布雷德利就向他展示了從空中拍攝到的最新戰場形勢照片。

照片表明，德軍在阿登山區已突破了一個巨大的缺口，德軍第五裝甲集團軍正在蜂擁而入，美軍整個防線正在垮下來，像一座行將崩塌的大廈。

不用布雷德利說什麼，巴頓已明白想要他做什麼。他必須停止在薩爾地區的進攻，幫助渡過這次危機。

巴頓明白形勢的緊迫和改變策略的必要性，他當即表示，他將讓第四裝甲師星夜向朗威前進，次日再派第八十師去盧森堡，如果需要的話，他還可以派出第二十六師。

巴頓的回答，讓布雷德利既滿意又感動，他原以為讓巴頓取消薩爾戰役，他會大鬧情緒，不曾想，剛剛提了一句，就從他那裡痛快地得到三個師。

12月19日，艾森豪威爾急匆匆地由巴黎趕到凡爾登，召開高級軍事會議。

會上，艾森豪威爾決定，為解除阿登危機，盟軍應最少以六個師的兵力向德軍的南翼發動強有力的反擊，巴頓擔任這一行動的總指揮。

凡爾登會議後，巴頓沒有回自己在南希的司令部，而是直接去了盧森堡。同時，他打電話通知手下各軍師長，讓他們做好在

粉碎敵人的最後希望

24 日發動進攻的準備。

在巴頓的指揮下，第三集團軍上下迅速行動起來，只用了 3 天時間，戰線的轉移工作順利完成，把一支幾十萬的部隊，從薩爾地區快速調往阿登山區，實現了戰線由南向北的全面轉移。

一切安排就緒後，巴頓開始進行作戰部署，他的目光被巴斯托涅吸引了。

巴斯托涅是個人口不足 4,000 人的小鎮，但策略地位非常重要，它是當地的交通樞紐，只要控制住它，就等於控制了德軍反攻部隊的補給系統。

12 月 22 日 6 時，進攻開始。第三軍在軍長米利金指揮下，迎著暴風雪大踏步前進。

左翼第四裝甲師和右翼的第二十六師也十分順利，各前進了十多公里，第八十師則攻占了梅爾齊希。

為了爭奪巴斯托涅，德軍不斷髮動圍攻，但占駐該地的美軍頑強堅守，始終屹立在德軍的突出部上。

巴頓的軍隊成為德軍大舉進攻範圍內的一個釘子，使其不敢貿然向美軍縱深發動大規模的攻勢。

1945 年元旦來臨了，巴頓以一種獨特的方式迎接新的戰鬥的一年到來，他命令第三集團軍的各砲兵部隊在 24 時用最猛烈的炮火向敵軍持續炮擊 25 分鐘。

隨著美軍的勝利前進，戰場形勢迅速好轉。至元月中旬，巴頓已掌握了戰場主動權，德軍的進攻完全失去了力量，圍殲敵軍的時刻已經來到。

1 月 16 日，巴頓的部隊由南北兩面向赫法利策推進，將德軍的突擊部隊攔腰截斷。

　　23 日，美軍攻占聖維特。27 日，巴頓部隊前鋒已抵達烏爾河。29 日，巴頓召開記者招待會，宣布突出部之役勝利結束。

　　突出部之役是德國西線最大的陣地反擊戰，德軍共傷亡 81,834 人，其中大約有 17,200 人死亡，34,439 人受傷，16,000 人被俘，損失坦克和重炮約 700 輛、飛機 1,600 架。

　　盟軍也損失 80,000 餘人，其中 7.7 萬人是美國軍人，損失坦克 733 輛，飛機 592 架。

　　巴頓這樣評價突出部之役：「勇敢的槍，老兵，你們在那裡獲得血與火的洗禮，而你們出來的時候，跟鋼鐵一樣堅強。」後來，「勇敢的槍」的傳奇故事在美國廣為流傳。

　　突出部之役之後，希特勒再也沒有力量阻擋盟軍的進攻了，這讓盟軍開始踏上了直搗納粹老巢的通途。

率先強渡萊茵河

突出部之役以後，德軍最後失敗的日子已日益臨近了。

在西線，德軍所剩下的不過是殘餘的 66 個師。儘管德軍此時已是氣息奄奄，但在希特勒的宣傳下，仍然決心效忠元首和第三帝國，準備憑藉萊茵河天險同盟軍作背水一戰。

對於德軍的負隅頑抗，英美高層經過協商，艾森豪威爾採取了「萊茵河作戰計畫」。

這是一個由英國擔當主國和作戰計畫，美國只能成為最後進攻的配角。艾森豪威爾的這一安排，引起布雷德利和巴頓的強烈不滿。

1945 年 2 月 6 日，艾佛爾戰役打響了。至 2 月 12 日，第三集團軍基本肅清了薩爾河和摩澤爾河三角地帶、基爾河和萊茵河西岸的殘敵。在前方，特里爾城擋住了巴頓的去路。特里爾是德軍在該地區的軍事要地，兵力雄厚、地形複雜、易守難攻。巴頓決心一口吞掉這只攔路虎，但苦於兵力不足。為此，他特地前往巴黎。

在巴黎，巴頓從艾森豪威爾的作戰部長布爾那裡借調了第十裝甲師，與第九十四師配合，以期能在薩爾河與摩澤爾河之間的三角地帶打開一個突破口。

從 22 日開始，巴頓部隊發動了空前猛烈的攻勢，在不到四天的時間裡，他們肅清了薩爾河到摩澤爾河三角地帶的敵軍，攻

克薩爾堡，在薩爾河對岸建立起一系列橋頭陣地，特里爾已是孤城一座。

巴頓命令部隊快速奔襲，拿下特里爾。28 日，第十裝甲師穿過危機四伏的雷區，冒著德軍的猛烈炮火，迅速前進。3 月 1 日上午，部隊攻入城郊，下午破城而入。當天夜裡，全城德軍被掃蕩殆盡。與此同時，下一步的作戰方案，已在巴頓的心目中醞釀成熟，那就是迅速進攻克可布倫茲的法爾茲。為此，巴頓又使用心計以花言巧語從艾森豪威爾那裡借來了一個步兵師和一個裝甲師。有九個師的德軍部隊在摩澤爾河以東的洪斯呂山一帶倉促地建立起一道防線，但為時已晚。巴頓催動大軍如餓虎撲食般向敵人猛壓過去。很快，第四裝甲師在克可布倫茲南面渡過了摩澤爾河，打破了敵軍的後方陣地。第十二軍緊隨其後圍住了克可布倫茲城內的敵軍，第二十軍的裝甲部隊和第七集團軍攻破了德軍防線，向北推進。德軍立即亂作一團，只得邊打邊撤。

美軍裝甲部隊從三個方向向德軍發起猛烈衝擊，把他們像趕羊群一樣往東趕往萊茵河。巴頓又命令第十九戰術空軍隊的轟炸機全部出動，對擁擠在狹路上的逃亡之敵進行無情的轟炸，步兵隨後窮追猛打。結果，兩個集團軍的德軍大部被殲，並有 80,000 餘人被俘。3 月 18 日，克可布倫茲落入美軍之手。巴頓在同時間和空間賽跑，也在同蒙哥馬利賽跑。現在，這兩位將軍之間，正在進行著一場究竟誰先渡過萊茵河的激烈較量。

為了搶在蒙哥馬利之前渡過萊茵河，巴頓馬不停蹄地進行了法爾茲戰役，以風捲殘雲之勢奪取了克可布倫茲。這時，他同蒙

率先強渡萊茵河

哥馬利一樣都到了萊茵河邊。

這時蒙哥馬利已經精心制訂了一個「劫掠」計畫。但是,蒙哥馬利萬萬沒有想到,就在他渡河的前一天,也就是 3 月 22 日 23 時,巴頓就下達了渡河命令。

第五師的兩個營首先開始渡河,結果發現德軍抵抗極其微弱。到第二天早上,第三集團軍已有 6 個營渡過河去,而傷亡僅有 34 人。

至 23 日晚,第五師全部過河,並在對岸建立了橋頭堡。而後,巴頓連續不斷地擴大他的橋頭堡,至 24 日晚,整個第十二軍都過了河。

巴頓不無得意地對布雷德利說:「我要讓全世界都知道,第三集團軍在蒙哥馬利之前渡過了萊茵河。」就這樣,巴頓在沒有空軍支援、大砲掩護的情況下強渡了萊茵河。比蒙哥馬利早了 24 小時。巴頓這種拚命冒險的精神,成就了他的軍事神話,也讓他達到了自己軍事生涯的頂點。

對第三集團軍來說,大規模的激烈戰役就此結束了。接下來的只是大踏步前進,前進,再前進。

這與其說是追擊潰不成軍的敵人,倒不如說是在享受進軍的喜悅與驕傲。

巴頓不給敵人留下絲毫喘息機會,不停頓地出擊,再出擊!他像閃電般穿過美因茲、法蘭克福、達姆施塔特三角地帶。

然後,巴頓的軍隊與第一集團軍會師,包圍了數萬名德軍,再向前疾駛猛進,越過富爾達河,粉碎了德軍在此固守的幻想,再占領幾個城鎮。

巴頓進軍的速度簡直像神話！直到最後，艾森豪威爾強迫他停下。

完成最後使命

1945 年 4 月 12 日，巴頓心情特別好。因為在德國威悉河畔的一個小城赫斯費爾德，他偶然發現了一個德國祕密金庫。誰能料到德國祕密金庫竟然設在一個廢棄的漆黑的礦井裡？巴頓站在那裡，魁梧的身軀被成堆的寶藏簇擁著，彷彿是一位中世紀的征服者。

巴頓知道希特勒和他的爪牙們用盡種種卑劣手段從別國、別人身上掠奪大量的珍寶，成批成批地運到德國，藏在這個礦井裡。據後來估算，僅此一項就值 2.5 億美元。

到了晚上，巴頓正要休息，想打開收音機對一下手錶，恰在此刻他聽到一個不幸的消息。就在這一天，也就是 1945 年 4 月 12 日，美國總統羅斯福去世。巴頓無比震驚，總統剛剛 63 歲啊！他十分悲痛，立即喚醒了艾森豪威爾和布雷德利，3 個人一起度過了一個沉重的夜晚。總統的去世使巴頓十分悲痛。他與羅斯福政見不完全一致。但巴頓非常尊敬與愛戴羅斯福本人，他倆私交良好。現在，羅斯福離開了美國人民，怎不令巴頓肝腸寸斷！他決心完成總統遺志，痛擊法西斯！4 月中下旬，巴頓指揮部隊掃蕩了周圍殘存的敵人，重新調整了部署，開始新的進攻。

4 月 30 日，就在第三帝國徹底覆滅的前一週，剛滿 56 歲的希特勒和他的情人愛娃在他的避彈室裡完婚，並用自殺結束了罪惡的一生。愛娃自願隨他而去。

5 月 2 日，柏林被蘇聯紅軍攻克。第三集團軍的歷史使命也要結束了。5 月 4 日，他們進行了最後一次戰役，向捷克斯洛伐克挺進。1945 年 5 月 7 日，希特勒的納粹德帝國宣布無條件投降，5 月 9 日全部生效。5 月 8 日午夜，在歐洲大地上燃燒了 8 年的戰火硝煙全部熄滅了。和平終於來到了備受創傷、精疲力竭的歐洲。然而納粹給人類帶來的痛苦與災難罄竹難書，深深地印在受難者的心裡。在解放歐洲的戰爭中，巴頓和第三集團軍留下的是奇蹟般的記錄。

　　在總共 281 天的戰鬥中，第三集團軍保持了直線距離 160 多公里寬的進攻正面，向前推進了 1,600 多公里，占領了 80 多萬平方公里的土地，解放了 1.3 萬座城鎮、村莊，其中大城市 27 座。

　　這期間，巴頓的軍隊共斃傷俘敵近 150 萬人。巴頓的軍事領導藝術和指揮才能在領導第三集團軍過程中達到了巔峰。西歐戰場戰事結束了，全世界人民渴望已久的和平即將到來，盟國領導人已經在為戰後格局的重建具體謀劃。槍炮聲停止了，這對巴頓也許有些突然。如今，對日戰爭已成為最後一戰。只有遠東戰場上的硝煙才能延長巴頓的歷史使命。他看到了這一點，於是極力要求赴遠東參戰。

　　巴頓利用空軍司令阿諾德到他司令部訪問之機，請他在馬歇爾面前替他說情，然後又數次寫信給這位參謀總長，表達自己願意飛赴遠東前線的急切心情。

　　在信中，他寫道：「哪怕是指揮一個師，我也心甘情願！」

完成最後使命

巴頓有理由滿懷信心，因為已故總統羅斯福曾親口允諾在西歐戰事結束後，調他到太平洋戰場去對付日本。

到 5 月 20 日，巴頓得到了明確的答覆，他去遠東參加對日作戰的要求未獲批准，滿腔的期望一時間化為泡影。巴頓渴望戰爭，渴望指揮戰爭，渴望戰爭的榮譽，他不能離開戰爭，他不能沒有戰爭。巴頓在參戰無望的情況下，勾起了他濃重的思鄉之情，他決定返回家園休假，以排遣悵惘憂鬱的心情。在美國人民的心目中，巴頓是位傳奇將軍，是位令人仰慕的、凱旋的英雄。返回國家後，鮮花、彩帶和歡呼的人群很快把他淹沒了。當時在波士頓，就起碼有 100 萬人排成長達 40 公里的隊伍，他們都是來歡迎巴頓將軍的，他們想看看心目中的戰神形象。此時此刻的光榮，讓巴頓感到了自己的價值，感到了自己所受的一切磨難和打擊，現在都得到了補償。這時，艾森豪威爾將軍給他安排了一個駐巴伐利亞軍事行政長官的職位。

10 月 7 日，巴頓懷著極其沉重的心情與第三集團軍告別，在告別儀式上，面對並肩戰鬥、生死與共的官兵們，巴頓滿眼淚花，發表了真誠熱情的告別演說。

眼含淚花的，當然不僅有巴頓，還有整個第三集團軍。

槍聲為「戰神」送行

　　在出任新職之前，巴頓首先偕妻子回到他們美麗的家園，他是該休息一下了。這是巴頓一生中最寧靜、最安逸的時刻，也是他在美國的最後一天，因為他第二天就要到巴伐利亞上任了。天空明淨無塵，腳下芳草婆娑，遠離功名利祿、市井喧囂，巴頓挽著心愛的人在清澈的小溪邊漫步，看看白雲的飄動。然後，巴頓告別妻子，踏上了自己曾經征服過的國土德國。然而，長期在戰場上拚搏的巴頓，對這種新的政治生活並不是很適應，因為這本來就不是他喜歡和擅長的，戰爭結束了，他的生命輝煌也不在了。1945 年 11 月 11 日，巴頓 60 歲生日的這一天，過得十分美好，從世界各地送來大量的禮物。巴頓回顧他戎馬生涯與度過的每一個時期並不覺得悔恨，他覺得自己已經做了力所能及的事，這一生是美好和有價值的。巴頓以平靜的心情、達觀的態度看待以往他所獲得的一些榮譽與聲望，更是平靜地看待自己即將到來的死亡。巴頓甚至還有一種死亡逼近的預感，他不喜歡和平時期的那種死亡途徑，什麼疾病、突然事故等。巴頓認為一個軍人就應該有軍人的死法，他多次說過：

　　我應當在最後一次戰役裡，被最後一顆子彈打中死去。

　　然而命運卻不是這樣安排的。1945 年 12 月 9 日，星期天，這是日朗風清、天高雲淡的一天，巴頓和他的參謀長蓋伊少將到森林裡去打鳥。那天，巴頓很輕鬆，一邊聊天一邊環顧農村的自

槍聲為「戰神」送行

然景色，突然他乘坐的小轎車與前面的大卡車相撞。司機與蓋伊只受了輕傷，坐在後邊的巴頓卻被撞斷了頸椎。巴頓的妻子比阿特莉絲以最快的速度從美國趕來，晝夜守候在病房裡。醫護人員竭盡全力挽救巴頓的生命，巴頓積極配合，他以強健的體魄和堅強的意志和傷痛作頑強的鬥爭。為了寬慰妻子和身邊的醫護人員，他幽默地稱這是最後一次壯烈的戰鬥。12 月 21 日 17 時 49 分，距車禍發生 11 天零 6 個小時，巴頓的心臟突然急遽衰竭，左肺受到血栓塞的猛烈襲擊。一分鐘後，這位準備在最後一場戰爭中被最後一顆子彈擊中的戰神，長眠在妻子的懷中，享年 60 歲。對於巴頓的去世，全世界均為之震驚，熟知他的人更難以接受這個殘酷的現實。人們忘不了身材魁梧、英俊瀟灑的巴頓進入敵陣如若無人之境的情景。人們記得軍服筆挺、馬靴擦得發光、胸前掛滿獎章的巴頓是怎樣用被稱之為「喬治·巴頓」的優美姿勢向他敬禮的。

巴頓的那把鑲著珍珠的象牙柄手槍依稀還在腰間閃耀。在那飾有 4 顆閃光星星的鋼盔下，威嚴的嘴唇緊閉，略向下垂。顯示著巴頓那無比充沛的力量和超人精力的藍眼睛是何等神祕深邃！

他篤信宗教又褻瀆神靈，他心地善良。富於同情心又不時發出刺耳、粗野的話。

巴頓那暴跳如雷時赫赫有名的「男高音」早為世人所知，所有的這些充滿矛盾與複雜的性格奇妙地糅合在一起。他是不折不扣的普通人與超人、冰與火、愛與恨、善良與殘暴、溫順與冷酷、天才與笨拙的混合體！

對巴頓最高評價來自在戰爭中難於對付他、又敗在他手下的德國軍人。

這些德國將軍目睹了巴頓第三集團軍在運動戰中之神速，稱他為盟軍中最好、最敢作敢為的裝甲兵將軍，一個具有令人難以置信的創造性和雷厲風行的人。

德國將軍們甚至把能與巴頓對抗視為「一種莫大的榮幸和難忘的經歷」。

巴頓的遺體安放在德國海德爾堡市一所豪華的別墅裡，供人瞻仰。死亡把他和他的戰友們劃開了兩個世界。

川流不息的美國軍人、國外友人來到這裡，排著隊逐一與他們敬愛的將軍揮淚告別，悲痛之狀令人斷腸。

巴頓的戰友們就要回國了，可與他們朝夕相處、同生死共患難的親人卻永遠沉睡在這裡。

巴頓沉睡在他艱苦跋涉過、日夜戰鬥過、用無數生命與鮮血換來和平的德意志國土上。

兩天後，巴頓的靈柩運往中立國盧森堡。在靜靜的藍天下，在蒼綠的群山腳下，安葬著巴頓的第三集團軍 6,000 名全部陣亡戰士。

盧森堡哈姆的大型美軍公墓裡又增添了一個新的成員巴頓，他一如既往地親密地和大家在一起。

緊挨著他的是一位上等兵。被青草和鮮花覆蓋的墓地前矗立著一個十分樸素的十字架，上面鐫刻著簡單的墓誌銘：

槍聲為「戰神」送行

喬治・巴頓
第三集團軍上將
軍號 02605

在一派聖潔、莊嚴的氛圍裡，人們唱著「聖經」中的讚美詩和戰場上的風雲人物巴頓永訣。為巴頓忠實服務多年的黑人勤務兵拿過了覆蓋過靈柩的軍旗，雙手交給了巴頓夫人，並向她深深鞠躬致敬。最後，老勤務兵忽然轉過臉去，滿眶熱淚順著臉頰淌下，巴頓將軍生前的事跡在他的腦海裡盤旋……這時，3聲震人心魄的槍聲在盧森堡響起，那是專門為巴頓將軍送行的槍聲。巴頓無疑是尊「戰神」，但這只是人們對他的美譽，「戰神」不是神，是人。

巴頓卓越的軍事才能並非生而就有的，而是他在立志成為「最優秀的職業軍人」的雄心指導下，透過長期的、有目的的學習和實踐取得的。可以說，巴頓的一生都在為成為一名偉大的將軍而做準備。

巴頓去世後，比阿特莉絲和巴頓的副官一起編輯出版了《我所知道的戰爭 —— 巴頓將軍回憶錄》，將豪情、睿智的巴頓更加真實地展現出來，也將他們的愛情融入書中，永傳後世。

附錄：巴頓年譜

1885 年 11 月 11 日，生於美國加州州南部的聖加布里埃爾。

1903 年，在維吉尼亞軍校學習。

1904 年 6 月，進入美國西點軍校學習。在西點軍校第一學年因數學成績不及格而留級一年。

1909 年 6 月，於西點軍校畢業，被任命為騎兵少尉。

1910 年 6 月，與終身伴侶比阿特莉絲結婚。

1912 年 5 月，在瑞典斯德哥爾摩舉行的第五屆奧運會上獲軍事五項全能比賽第五名。

1916 年隨潘興將軍遠征墨西哥。

1917 年美國參加第一次世界大戰，負責組織訓練美國第一支坦克部隊，並因指揮一個坦克旅作戰，獲「優異服務十字勳章」。

1918 年第一次世界大戰結束。奉調回國，回騎兵部隊。

1920 年巴頓先後擔任過不同的職務，並進入騎兵學校、指揮參謀學校和美國陸軍大學深造。

1938 年 7 月 1 日，按期被提升為上校。

1940 年第二次世界大戰爆發，美軍參謀長馬歇爾任用巴頓為裝甲旅旅長，軍銜為準將，不久升任裝甲第二師師長。

1942 年 7 月，巴頓奉調組織美國西線特遣部隊在北非登陸作戰。

1942 年 11 月，美軍攻占摩洛哥，巴頓成為美國駐摩洛哥總督。

1943 年 3 月，巴頓被調往突尼斯，任美軍陸軍第二軍軍長。突尼斯戰役不久，晉升為中將，任美第七集團軍司令職務。

1944 年 1 月，到英國就任美國第 3 集團軍司令。

1944 年 6 月，盟軍在諾曼第登陸後，巴頓指揮第三集團軍跟進。

1944 年 8 月，進入布列塔尼半島和法國中部，隨即協同盟軍在法萊斯包圍戰中重創德軍，並向格林方向追擊。

1944 年 12 月，在突出部之役中，奉命率部隊支援被圍困在巴斯托涅的美軍，打退了德軍。

1945 年 3 至 5 月，率領部隊突破德國「齊格菲防線」，強渡萊茵河，突入德國腹地，進至捷克斯洛伐克和奧地利邊境。

1945 年 4 月，晉升為四星上將。

1945 年 5 月 9 日，對德戰爭結束，巴頓被委任為巴伐利亞軍事行政長官，因政見不同被解職。

1945 年 11 月，任第 15 集團軍司令。

1945 年 12 月，外出打獵時突遇車禍而受重傷。21 日，醫治無效在德國海德堡去世，享年 60 歲。

血膽將軍巴頓：

橫掃歐陸的狂風，解放西西里、諾曼第登陸，二戰勝利的號角手

編　　著：潘于真，劉幹才

發 行 人：黃振庭

出 版 者：崧燁文化事業有限公司

發 行 者：崧燁文化事業有限公司

E-mail：sonbookservice@gmail.com

粉 絲 頁：https://www.facebook.com/
　　　　　sonbookss/

網　　址：https://sonbook.net/

地　　址：台北市中正區重慶南路一段六十一號八
　　　　　樓 815 室

Rm. 815, 8F., No.61, Sec. 1, Chongqing S. Rd.,
Zhongzheng Dist., Taipei City 100, Taiwan

電　　話：(02)2370-3310

傳　　真：(02)2388-1990

印　　刷：京峯彩色印刷有限公司（京峰數位）

律師顧問：廣華律師事務所 張珮琦律師

定　　價：299 元

發行日期：2022 年 09 月第一版

◎本書以 POD 印製

國家圖書館出版品預行編目資料

血膽將軍巴頓：橫掃歐陸的狂風，
解放西西里、諾曼第登陸，二戰勝
利的號角手 / 潘于真，劉幹才編著 .
-- 第一版 . -- 臺北市：崧燁文化事
業有限公司 , 2022.09
　面；　公分
POD 版
ISBN 978-626-332-724-5(平裝)
1.CST:　巴　頓 (Patton, George
S. (George Smith), 1885-1945)
2.CST: 傳記
785.28　　111013881

電子書購買

臉書